现代汉语数量短语的指代功能及其相关构式

陈再阳 著

学林出版社

图书在版编目(CIP)数据

现代汉语数量短语的指代功能及其相关构式/ 陈再阳著. —上海：学林出版社，2015.8
ISBN 978-7-5486-0945-2

Ⅰ. ①现… Ⅱ. ①陈… Ⅲ. ①现代汉语—数量词—短语—研究 Ⅳ. ①H146.2

中国版本图书馆 CIP 数据核字(2015)第 203901 号

现代汉语数量短语的指代功能及其相关构式

主　　编—— 陈再阳
责任编辑—— 吴耀根
特约编辑—— 盛晓玲
封面设计—— 严克勤

出　　版—— 上海世纪出版股份有限公司 学林出版社
地 址：上海市钦州南路 81 号　电话/传真：021-64515005
网址：www.xuelinpress.com
发　　行—— 上海世纪出版股份有限公司发行中心
地 址：上海市福建中路 193 号　网址：www.ewen.co
排　　版—— 南京展望文化发展有限公司
印　　刷—— 上海叶大印务发展有限公司印刷
开　　本—— 710×1020　1/16
印　　张—— 9.75
字　　数—— 19 万
版　　次—— 2015 年 8 月第 1 版
2015 年 8 月第 1 次印刷
书　　号—— ISBN 978-7-5486-0945-2/H·58
定　　价—— 35.00 元

本课题获得国家教育部人文社会
科学研究青年基金项目资助，
项目编号为13YJC740010。

序

认识陈再阳博士已经有十多年了，记得 2004 年上海师范大学对外汉语学院刚成立时，她就经常来旁听硕士研究生的课程，后来又旁听博士研究生的课程，给人的感觉是虽文静知性却勤奋好学善于思考勇于探索。2010 年她跟随我攻读语言学及应用语言学博士学位，求学期间的读书学习，尤其是博士学位论文的选题和写作正是她富有创新个性的集中体现。现在呈现在读者面前的这部专著《现代汉语数量短语的指代功能及其相关构式》即是再阳攻读博士学位期间积极探索勇于创新的成果，本书正是在她博士学位论文基础上进一步修改、完善的结果。纵观全书，我有两个明显的感觉，也想趁写"序"的机会畅所欲言，与读者和学界分享。

一个是理论框架的支撑。回想再阳的博士学位论文的选题思路和研究过程，使我想起了上一世纪 80 年代吕叔湘先生的一段论述。当时改革开放已全面展开，语言学界也很活跃，上海的一帮年轻的语言学者提倡突破传统研究的框架，重视理论方法的更新，在语言学界引起了一些热议。对于如何正确看待语言事实和理论方法的关系，吕先生讲了一个非常精彩的譬喻。他说，一个个描写清楚的语言事实好比一个个"小钱"，理论方法好比"钱串子"，有了钱串子就能把一个个小钱串起来，成为更有价值的"钱串"。我对这个生动的譬喻始终没有忘怀，而本书的选题也正好体现了这样一种思路。

本书研究的是现代汉语数量短语的指代功能，这之前似乎只有零星的论述，没有过深入系统的阐述。有些学者对数量短语的指代功能这一命题感到陌生，甚至再阳在选择这个题目作为博士学位选题时，有学者对这个命题表示过一定的怀疑。其实，学界对此早就有所关注。比如朱德熙在《语法讲义》(1982)中就指出，数量词的主要语法功能是修饰名词。由数量词充任的修饰语和中心语之间有同位关系，因此在一定的语言环境里修饰语可以代替整个偏正结构。例如：五张＝五张纸，两间＝两间屋子。可见，朱先生已经注意到了数量短语的指代功能，只是没有展开论证。刘月华等《实用现代汉语语法》(1982)在论数量短语的语法功能时指出，如果数量短语所修饰的名词已在上文出现，下文接着再提到该名词时，可以只说数量短语，这时数量短语就具有了代替名词的功能，直接充当句子的主语或宾语。这里刘月华已经揭示了数量短语产生指代功能的句法条件，即数量短语与所修饰的名词中心语分离而单独充当句法成分，只不过也未进行专项论证。陆俭明先生对现代汉语数量短语的指代功能进行了比较细致的描写，他在《现代汉语句法里的事物化指代现象》(1991)中描写了数量短语在句法层面的指代现象，并列举了三种典型现象：(1) 总分式复指结构，如：他大弟弟和大妹妹都在新华印刷厂工作，一个是会计，一个是电话接线员。(2) 数量词充当宾语，如：我不要这些苹果，我要筐里的三个。(3) 量词重叠充当主语，如：个个喜气洋洋，兴高采烈。但陆先生仅关注了物量词在主位、宾位的表现，也未对此类现象作出更多解释。邵敬敏在《量词的语义分析及其与名词的双向选择》(1993)中明确指出，量词的语义如果极其明确，它对名词的选择组合是单一的，则名词即使不出现，也不会引起误解，这时数量短语本身便可以替代名词，或从另一角度讲，名词可以省略。如“那边空地上已经盖起了好几幢(楼房)”、“我也来说几句(话)”。他实际上是揭示了数量短语之所以能在一定条件下具有指代功能的内在动因。

可见，对于现代汉语数量短语的指代功能，无论是语言事实、句法条件、结构类型、内在动因等各个方面，学界前辈和同仁都已有所关注，自觉或不自觉地、或多或少地有过论述、描写或说明。这些研究成果就好比散落一地并闪闪发亮的“小钱”，需要一个钱串子来把它们穿起来，而本书的作者找到的“钱串子”就是当代认知构式语法的理论框架。由美国语言学家 Adele E. Goldberg 创立的认知构式语法，基于人们的语用驱动，注重人们对交际情景(scene)的识解(construal)，立足特定构式的话语功能，强调构式的强制效应(coercion)，是当代认知语言学的重要支柱之一。认知构式语法被引进汉语研究之后，事实表明该理论框架对于解释汉语这种基于“意合”的语言，比较有效。再阳博士正是借鉴了认知构式语法的理论框架，以此作为钱串子“串”成了现代汉语数量短语指代功能这个成果，这种思路是值得提倡和推广的。

另一个是演绎方法的运用。归纳和演绎是科学研究的两大基本方法，全面科学的归纳已是不易，合理完善的演绎似乎更加难以运用。演绎来源于联想抽象的思维能力，蕴含了假设论证的思辨过程，应该是科学研究中普遍运用、卓有成效的一种方法。我认为本书在两个方面充分运用了演绎的方法，并取得了很好的成效。一个方面的演绎是对汉语量词功能的判定。Doetjes(1996，1997)指出，可数名词指称上的可数性必须在句法上得以标示，而不同语言采用不同的方式来标示可数性，非量词型语言多采用数形态(number morphology)，而量词型语言往往使用量词(count-classifier)。也就是说，标示名词可数性是否使用量词具有类型学的意义。Lyons(1977)较早讨论了语言中实体量词(即物量词)的个体化功能，他认为实体量词提供或者预设了实体的个体化原则。大河内康宪(1993)借鉴这个论断对汉语的实体量词进行了考察，指出汉语实体量词的作用在于使得表达类名(name of kind)的光杆名词能够指称具体的个体；刘丹青(2008)在讨论定语属性时进一步强化了这个观点，专门讨论了实体量词的功能，指出实体量词不能为名词增加数量信息，对名词指称的分类也仅仅是附带功能，最主要的功能就是“个体化”(individuate)。那么，既然物量词有此类功能，属于同范畴的动量词、时量词也应该具有相同的功能，并且在句法分布中具有相同的表现。于是本书作者借鉴了刘辉(2009)关于“事件量词”(即动量词)的论证，以及吴为善(2012)关于汉语量词功能同一性、句法表现同构性的论证，对汉语物量、动量、时量三类量词的共性进行了概括、提炼，对这三类数量短语的指代功能进行了统一解释。

另一个方面的演绎是数量短语指代功能的句法分布推衍。以往学界对数量短语指代功能的关注集中在主语、宾语位置，如上文提到的朱德熙、刘月华、陆俭明、邵敬敏等学者的论述和所举实例。那是因为主语、宾语这两个位置本来就是指称性的句法位置，数量短语具有指代功能是完全可能的。但事实上汉语数量短语的句法分布还涉及谓语、定语、状语、补语等位置，那么数量短语处于这些位置是否也能产生指代功能呢？从本书所发掘的语言事实中，充分表明，除了充当定语的数量短语由于所修饰的中心语直接承担了指称功能，以致数量短语的指代功能无从实现之外，数量短语处于状语、补语、谓语等位置就很值得研究，虽然这些位置的主要功能是述谓性或描写性的，但数量短语的指代功能却能在特定构式中，借助构式的强制性而有所凸显，只是指代功能凸显的强度有所不同。对此作者也在一定程度上进行了描写、分析和解释。

当然，正因为演绎的方法是基于假设论证的，所以在运用中不能简单地对不同现象加以比附，而是要在发现共性的基础上进一步揭示个性。因此，如果说本书还有不足之处的话，正是这些演绎方面的结果。比如物量属于“实体量词”、动量属于“事件量词”、时量属于“时段量词”，它们具有功能的同一性，这样的统一解释是有道理的。本书对这些差异关注得还不够仔细，描写略嫌粗疏。又比如数量短语除了在主语、宾语位置具有指代的可能之外，处于状语、补语、谓语等位置，指代功能可以借助构式的强制性而有所凸显，这是不错的。但由于谓语、状语、补语这些位置本身的句法语义功能有所差异，那么数量短语凸显的指代功能是有强弱差异的，但本书并没能给出令人信服的说明和解释。这些都有待于作者进一步思考和研究。

再阳是在职攻读博士学位的，攻读博士学位期间还担任了她所在学校的对外汉语(现改名为“汉语国际教育”)系主任以及其他行政和教学工作；同时，她作为年幼的孩子的妈妈，还要花很多时间精力照顾孩子。因此，她能按时完成博士学位论文，并能达到这样好的水平，实在是难能可贵的。这也充分印证了有志者事竟成这个朴素的道理。事实上，她的这个成果已被学界所认可，由此获得了教育部人文社科研究的资助项目，本书也正是该项目的最终成果。为此，我想借本书的出版向再阳博士表示由衷的祝贺和祝愿，祝贺她学业和事业上已经小有成就；祝愿她今后事业上更进步，生活上更幸福！

陈昌来

写于 2015 年 2 月 20 日

目　　录

第一章 绪　　论

1.1 选题目的和意义

本书的数量短语指基数词(或位数词)和量词的组合,在现代汉语里当数词表示真值义时,一般不能直接和实词类组合,使用量词具有强制性。按照传统语法研究,量词分为物量、动量、时量三类。其中物量词同数词组合一般前置,用来修饰名词或名词性成分,表示实体数量(如:一个人,三棵树);物量词中还包括度量衡单位词一类,可以前置或后置于量度形容词,说明事物性状的量性特征(如:三斤重,长一丈)。动量词同数词组合一般后置,表示行为动作的数量(如:说两遍,去一趟)。时量词实际上是人们依据自然现象人为划分的单位,除了计量时间,主要后置于动词,表示行为动作或状态持续时间的数量(如:看三天,住一年)。进入新世纪以来,随着功能学派的兴起,学界借鉴认知语法的理论,对现代汉语数量短语的研究有新的突破,主要有以下几点:

第一,数词未必都表示真值义,尤其是数词"一"有很多非真值义的用法,形式上的判定是不能用其他数词来替换,数量义弱化了而其他语法意义凸显了。比如"山上一个人也没有",其中"一"表示最小量,否定最小量就是否定了全量,所以"一"不表真值义,不能用其他数词替换;又如"那些领带一条比一条时髦",其中"一"指某个集合中的任一个体,表达的语用义具有遍指性,即"条条都时髦",所以"一"不表真值义,不能用其他数词替换。

第二,量词本身并不表示数量义,但却具有"个体化"的功能,即将类化的实体、事件或无界的时间个体化,以数词凸显"个体"的量。比如"书"是一个通指类名,通过量词"本"(以自然的三维空间形态为依据)使其有界化为某一个体,再用数词表示个体的量(如:三本书);又如"鱼"是一个通指类名,通过量词"斤"(以人为划定的重量为依据)使其有界化为某一个体,再用数词表示个体的量(如:一斤鱼)。量词的个体化功能是一个潜在的语义因子,因此,当数量短语一旦与其限定的中心语在句法形式上分裂而分布在不同的位置,或数量短语限定的中心语隐含在语境中,数量短语本身就派生出指代功能。

第三,物量词、动量词、时量词在功能上具有同一性,在句法上具有同构性。功能上的同一性表现为使类指事物"个体化",物量词具有使类指实体个体化的功能(例见上),动量词、时量词也一样。比如"小张去北京"可能在不同的时段重复发生，是一个类指事件，通过量词“次”（以事件延续的时段为依据）使其有界化为某一个体事件，再用数词表示个体的量（如：小张去了三次北京）；又如“小王看论文”这个事件可以在时间轴上无限推移，通过量词“天”（以人为设定的时间单位为依据）使其个体化为某一时段，再用数词表示个体的量（如：小王看了三天论文）。因此物量词、动量词、时量词的句法配置具有同构性，可以出现在平行的句法分布环境。比如：

a. 小李买了三本新书。
新书小李买了三本。
三本新书出版后都很畅销。
b. 小张去了三趟北京。
北京小张去了三趟。
三趟北京跑下来花了好多钱。
c. 小王看了三天论文。
论文小王看了三天。
三天论文看下来有点累。

上述三组实例在句法上同构，层次结构分析的结果是相同的。

这些研究成果使得我们对数量短语的功能有了新的解释。总体而言，数量短语的基本功能是用来表示数量，但还会生发出其他的派生功能，本书探索的数量短语的指代功能就是其中的一个派生功能。从篇章来看，数量短语的指代功能主要是“回指”，即必须有出现或隐含的“先行语”作为语境支撑。换一句话说，数量短语与实词类紧邻出现，构成偏正结构，它们只能体现某种限定功能，表示实体、事件或时间的个体量，一旦数量短语与实词类分裂而单独出现，数量结构就会在篇章中生发出指代功能，“回指”语境中出现或隐含的“先行语”所指的对象（特定的实体、事件或时段）。

对于现代汉语数量短语的指代功能，学界早已有所关注。朱德熙在《语法讲义》(1982)中就指出数量词的主要语法功能是修饰名词，由数量词充任的修饰语和中心语之间有同位关系，因此在一定的语言环境里修饰语可以代替整个偏正结构。例如：五张＝五张纸，两间＝两间屋子。朱德熙实际上已注意到了数量短语的指代功能，只是未展开阐述。明确提出数量短语指代功能并加以描写、分析的，主要是陆俭明的《现代汉语句法里的事物化指代现象》(1991)一文。在这篇论文中，陆俭明专门提到数量结构的指代功能，列举了三类现象：第一类是“总分式复指”结构，如“他大弟弟和小妹妹都在新华印刷厂工作，一个是会计，一个是电话接线员”。其中两个充当分句主语的“一个”分别指代“大弟弟”和“小妹妹”。第二类是“数量宾语”结构，如“我不要那苹果，我要筐里的三个”。其中宾语“三个”指代“苹果”，不过数量宾语前通常有定语（如“筐里的”）。第三类是“重叠量词主语”结构，如“个个喜气洋洋，兴高采烈”。其中充当主语的“个个”指代语境中所述的所有人，这种情况下重叠的量词只能处于主语位置。此外,其他学者在相关研究文献中也时而会涉及到数量短语的指代功能问题,但没有进行全面、系统地专门考察。

总体来说,学界对数量短语指代问题的研究还很不充分,具体表现在三个方面:其一,现有研究对现代汉语数量短语指代现象的考察很不全面,其实现代汉语中数量短语指代现象很多,形式多样,类型复杂,需要进一步梳理、甄别、考察;尤其是学界对于数量短语指代功能的考察局限于物量词与数词组合的“实体性指代”,其实根据认知语法的研究,基于隐喻认知途径,动量词与数词的组合可以指代“个体事件”,时量词与数词的组合可以指代“个体时段”,三者功能具有同一性。其二,现有研究对现代汉语数量短语指代现象的考察仅限于对语言事实的描写,并未对这些现象加以解释,比如数量短语为什么会具有指代功能?“实体性指代”、“事件性指代”和“时段性指代”为什么具有同一性,它们之间又有什么差异?其三,现有研究对于数量短语指代现象在语用层面的考察过于笼统,如果说数量短语指代现象确实存在,那么是“实指”还是“虚指”?是“任指”还是“确指”?量词重叠或复现后语用义表达的是“每一”还是“逐一”?是“递进性”还是“遍指性”?这些都需要甄别、定性并加以说明。上述种种问题都需要进一步立足认知功能的角度加以准确地描写和合理的解释。

正基于此,本书试图在前贤时哲相关研究成果的基础上,借鉴构式语法理论,采用认知语法的观点,对现代汉语中数量短语指代现象进行全面、系统的研究,以展示认知功能视角下的现代汉语数量短语指代现象的系统性。在此基础上力求解决如下一些问题:

1. 现代汉语中数量短语指代现象很多,形式多样,类型复杂,需要进一步梳理、甄别、考察。本文除了考察物量词与数词组合的“实体性指代”之外,还包括基于隐喻认知途径的动量词与数词组合的“事件性指代”,基于人类对时间单元认定的时量词与数词组合的“时段性指代”。

2. 现有研究仅限于对语言事实的描写,并未对这些现象加以解释,本文试图对此做出合理的解释。比如数量短语为什么会具有指代功能?“实体性指代”、“事件性指代”和“时段性指代”为什么具有同一性,它们之间又有什么差异?

3. 现有研究对语用层面的数量指代判定过于笼统,需要甄别、定性并加以说明。如果说数量短语指代现象确实存在,那么是“实指”还是“虚指”?是“任指”还是“某指”?量词重叠或复现后语用义表达的是“每一”还是“逐一”?是“递进性”还是“遍指性”?

1.2 相关研究综述

关于现代汉语的数词和量词,就其本身的属性来看,学界的研究是比较充分的，对数词和量词本身的分类、用法和句法功能都有详尽的描写，无需赘述。与本文研究相关的数词和量词的范围作如下界定：

现代汉语的数词包括基数词和位数词。依据学界的界定，有如下一些词例：

基数词：一　二　三　四　五　六　七　八　九　零　半　两
位数词：十　百　千　万　亿　兆

现代汉语中数词的用法除了表数量之外，还有序数和概数的用法，以及分数和倍数的表示法，这些都不在本文研究范围之内，故不赘述。

现代汉语的量词包括物量词、动量词和时量词，郭先珍的《现代汉语量词用法词典》(2002)共收入各类量词600多个。但对于常用量词，学界的界定基本一致，我们以张斌主编的《新编现代汉语》(2002)的量词分类系统作为代表列举如下：

- 量词
  - 物量
    - 个体量词：个、根、张、道、把、块、匹、件、条
      捆、担、串、卷、堆、把、扎、叠、拨
    - 集合量词：有定：对、副、双、付、套、打、刀
      无定：丛、束、叠、伙、群、些、点
    - 类别量词：种、类
    - 度量量词：尺、寸、斤、支、吨、亩、升、米、里
  - 动量
    - 专用量词：下、次、趟、遍、阵、场、番、顿、回
    - 借用量词：刀、枪、笔、眼、拳、脚、巴掌
  - 时量　专用量词：秒、分、小时、天、日、周、星期、年

值得说明的是，我们对于上述量词系统作了一些微调：第一，物量词中个体量词“捆、担、串、卷、堆、把、扎、叠、拨”这一组已经基本定型为量词，就不再归为借用量词；第二，现代汉语中还有一些两个量词构成的复合量词(如“架次”)，使用对象较为单一，具有专用性，亦不在本文考察范围之列。

1.2.1　关于数量短语的匹配研究

1.2.1.1　物量词与名词的语义选择

邵敬敏(1993)讨论物量词的语义特征及其与名词的双向选择，其中专门论及名词与量词的制约与反制约关系。名词与量词组合时，名词总是处于主导的制约地位，它的存在决定了对量词的选择。反之，量词也对名词起到反制约作用。这种语义上的制约与反制约关系是名词与量词组合中的主要矛盾。

名词与量词的组合选择，受到双方语义上的种种制约。根据可组合名词的语义类别，量词的语义组合功能大体上可以分为三种情况：

1. 专用型。即只适用于某一种特定对象。量词语义单一，而且比较具体。例如：

盏(灯) 间(房) 艘(船) 户(人家) 封(信)
尾(鱼) 轴(画) 列(火车) 阕(词) 辆(车)
帧(照片) 幢(房子) 贴(膏药) 期(杂志) 发(子弹)

2. 合用型。即可适用于两种以上对象。量词语义多种，且多数情况下这些语义之间存在某种派生关系。例如：

家：人家 行业
所：房屋 单位
首：诗 词 曲
群：人 动物 岛屿

3. 通用型。即较普遍适用于若干种对象，与名词组合相对来说比较开放。这类量词的语义虚化程度较强。例如“个、种、类、样、件、只”。其中，以“个”最为典型。

名词与量词在选择组合时，有多种因素在起作用，从而造成选择的几个层次：第一层次是量词的整体选择，表现为一种组合的可能性；第二层次是量词的本体选择，表现为一种组合的现实性；第三层次是量词的同义选择，表现为一种组合的语境性。人们在为某个名词选择量词时，往往是通过这三个不同层次的筛选而获得的。

量词的语义反制约也是值得关注的。从理论上讲，一个名词可以有若干个量词供其选择，从而形成“量词选择群”；反之一个量词也可以有若干名词与之搭配，从而形成“名词组合群”。两者相互交叉，又形成“双向选择组合网络”。例如“布”的量词选择群有“匹、幅、条、块、方、层、团、扎、捆、揽……”，这些量词中的任何一个都有它的“名词组合群”，以“幅”为例，一方面可与“布、绸、呢、绒”等纺织品组合，另一方面可与“刺绣、图案、剪影、山水画”等工艺美术品组合。在名词与量词这一对矛盾组合中，名词毫无疑问地起到主导制约作用，因为人们总是先确定了描述的对象(名词)之后才接着选择何种量词与之组合。但是，量词并非总是被动的，换言之，它对名词也起到某种反制约的作用。这主要表现在：

1. 量词固有的语义特征可以转移到名词上，从而使名词临时获得了该量词的某种语义特征。例如表示粒状的量词有：“颗、粒、滴”。其中“滴”只适用于液体，如“水、血、汗、牛奶、咖啡、油”等，而“颗、粒”只适用于固体。可是在“一滴翡翠”中，“翡翠”本是一种宝石，用了“滴”，似乎它也具有液体的那种流质感与晶莹感；反之，在“一颗露珠”中，则露水也犹如珍珠，成了一种固体。又如“朵”，本来只适用于鲜花，可是“一朵云霞”，“一朵气球”，则似乎云霞、气球都临时拥有了鲜花的某种属性。

2. 当抽象的或无具体外形的被描述对象用上某个量词时，这个量词所固有的语义特征就能使这些抽象的东西变为具体的东西，使无形的对象变为有形的对象，从而增加了名词本身的表观力。例如“一片寂寞、一串笑声、一条意见、一丝希望”。

3. 量词的语义如果极其明确，它对名词的选择组合是单一的，则名词即使不出现，也不会引起误解，这时数量词组本身便可以替代名词，或从另一角度讲，名词可以省略；尤其是加上动词的语义制约后，数量词组的语义内涵就更加确定无疑了。例如：

中间因有事漏看了一幕(戏)。

那边空地上已经盖起了好几幢(楼房)。

他把走廊里的几盏(灯)都关了。

我也来说上几句(话)。

量词与名词的组合面越窄，则这种反制约性越明显，反之则越隐蔽，如果为通用型量词，则反制约性最弱。

4. “量词选择群”中，由于语义相近，可以构成量词的“近义词群”，其中的量词各具特色，不同的量词表现出不同的风格色彩与语义倾向，对名词产生一定的影响。例如可与“书”组合的量词有细微差别，用“部”似乎较厚，分量较重；用“册”文言色彩较浓，用“卷”侧重于成套书中的一本；用“本”最普通最常用，呈现通常的本子形态。又如：“根”与“条”都是长条形，都适用于“黄瓜”、“树枝”、“带子”，但由于“根”的语义偏重于“直而硬”，而“条”的语义偏重于“曲而软”，因此，“一根黄瓜／一条黄瓜”、“一根带子／一条带子”、“一根树枝／一条树枝”给人的感是不一样的，这就是量词语义在起作用。

1.2.1.2 数量短语匹配的认知解释

石毓智(2001)对学界的相关研究进行梳理后，提出汉语表事物形状的量词最根本的认知基础为下列两个方面：

其一，物体各维之间的比例是表事物形状的量词的基本认知基础，而不是维数的多少。

其二，物质性(materiality)是表事物形状量词的第二位认知基础，至于“弹性”、“硬性”和“离散性”与该类量词的设立无关。

为了描写这种认知基础，他用数学函数公式给出了量词选择的依据：

1. 二维空间的形状量词主要有两个——“张”和“条”。它们的使用规律可以用一个数学函数加以精确描写。X和Y分别代表两个维，如果两个维的长度不等时，我们定义X总是代表较长的那一个。公式如下：

A：当函数Y/X的值等于或者接近1时，有关的物体用“张”量度。

B：当函数Y/X的值接近于0时，有关的物体用“条”量度。

不论是“条”还是“张”都是表示在二维方向扩展的物体。典型实例如下：

a. 一条凳子 一条马路 一条裤子 一条船
b. 一张桌子 一张报纸 一张画 一张床

上述实例表明，典型的“桌子”或者“画”，两个维度的差别不应该很大，Y/X 的比值趋于 1，所以就用量词“张”来称量；而典型的“马路”和“凳子”，两个维之间的差别很大，Y/X 的比值趋于 0，所以就用量词“条”来称量。这里涉及典型化效应，哪一类事物用什么样的量词称数，是由该类中最普遍、最具代表性的事物的特征决定的。比如桌子面的两个维通常比较接近，所以用“张”称数，那么即使有一些桌子的面是很长的，仍用同样的量词称数。此时有个补救的办法，就是加上相应的形容词，比如可以说“一张很长的桌子”，一般不用“条”称量，不说“一条桌子”或者“一条很长的桌子”。反过来看也是一样，“毛巾”通常是长形的，所以用“条”称量，一旦这种搭配被规约化，即使形状为方形的毛巾仍是用量词“条”而不是“张”，不说“一张毛巾”或者“一张方毛巾”。

其实从理论上说任何客观存在的物体都是三维的，不论是“条”还是“张”，所称量的事物实际上都是三维的。这涉及语言中普遍存在的认知现象，即用事物的最突出或者重要的特征来指代整个事物（转喻）。比如“桌子”和“凳子”最显著的特征是它们的面，形状量词是通过称量面来指代整个物体。还有一种情况是，物体的第三维很小，在认知上可以忽略不计，比如“一条手绢”、“一张画”。“手绢”和“画”实际上是有第三维的，但相对于另两维小到可以忽略不计。

2. 三维空间的形状量词也主要有两个——“块”和“片”。它们的用法也可以用两个数学函数加以精确描写（Z 代表第三维）。公式如下：

C：假定 X 和 Y 的值接近，当函数 Z/X 或者 Z/Y 的值接近 1 时，有关的物体用“块”量度。

D：假定 X 和 Y 的值接近，当函数 Z/X 或者 Z/Y 的值接近 0 时，有关的物体用“片”量度。

两维的东西加上第三维（用 Z 表示），就成为立体的物体。当物体的第三维进入人们的认知域，所感知的事物就是立体的。这时要用另外一对量词来称量：“块”和“片”。典型实例如下：

a. 一片树叶 一片面包 一片瓦 一片纸
b. 一块石头 一块蛋糕 一块砖 一块糖

上述例子中的“片”和“块”是不能互换的，可以第三维 Z 作为变量来考察“块”和“片”的使用规律。如果 Z 小到一定程度时，就用“片”来称数；如果 Z 大到一定程度时，就用“块”来称数。这里的“小”和“大”都是一个模糊的量，Z 的取值是有所限制的。

有些物体既可以用二维量词称数，又可以用三维量词称数，比如“一张纸”和“一片纸”都可以说。但是不同类型的量词所产生的意象图式是很不一样的。用“片”时往往有一种立体的感觉，比如纸箱子的纸通常有一定的厚度，如果拿下其中一部分，最适合的量词应是“片”；而“张”则只有平面感，比如“画儿在纸的表面”。

1.2.1.3 动量词的语义特征分析

刘街生(2003)集中对现代汉语动量词(包括时量词)，尤其是借用动量词的语义特征进行了分析。

动量词和数词构成的数量结构表示动作的量，因此总与事件相关，蕴含[＋事件]语义特征。由于动作的次数一方面和“量”的观念有关，一方面也和“时”的观念相关，因此也蕴含[＋时间]语义特征。这些现象无需赘述，值得关注的是借用动量词。借用动量词和数词组合成数量结构表达动作的量时，具有明确的[＋计事]语义特征；时量词和数词组合成数量结构表达动作的量时，具有明确的[＋计时]语义特征。

在[＋计事] 和[＋计时]两个语义特征上动量词和数词组合成数量结构表达动作的量的情况可以构成下面的序列：

借用动量词→顿$_1$场$_1$遍趟下$_1$ 次回 番通顿$_2$场$_2$阵下$_2$←时量词
[＋计事] [＋计时]

这个序列从左到右是一个[＋计事]语义特征减弱、[＋计时]语义特征增强的递交序列，从右到左则是一个[＋计时]语义特征减弱、[＋计事]语义特征增强的递交序列。动量词内部语义特征及其组合的变化，相应地使数量结构代替事件或表示时间的能力有所变化，分布特征也出现相应的差异。

借用动量词一般来自具有工具论元含义的名词，如“踢一脚”、“打一拳”、“砍一刀”、“写一笔”中的“脚”、“拳”、“刀”、“笔”等，它们在事件具体化的过程中语义贡献小，因此有量词化的倾向。由于这些借用动量词具有工具论元含义，是使动词所表达的事件具体化的重要成分，也是构成事件的重要成分，因此它们与数词组合构成的数量结构在表示动作的量时，总是带有事件本身的特征，具有[＋计事]语义特征。从语义功能看由借用动量词和数词合成的数量结构除了计量外，单独使用时总是代替一个事件。例如：

(1) 在这块神奇的土地上不经意一脚就会踩到汉朝以前。
(2) 我在马桥的时候，随便踩一脚，都踩到汉代以前去了。
(3) 那一枪先是打出了四爷的恐惧，然后它又把那些恐惧全打掉了。
(4) 刚才只一刀，干净利落把猪放倒。

这类数量结构单独时总是代替一个事件，即便是例(1) 中的“一脚”紧挨在核心动词前也是代替一个事件,这一点对比例(2)会看得更清楚。这类数量结构前面可以添加一些指示成分,此时整个结构还是指代事件,如例(3)。它们还可以具有表述性,独立成句,如例(4)。

从分布功能看,这类数量结构表达动量时,最典型的分布特征是只能在核心动词后。由于它们的宾语性较强,此时出现的受事宾语成分一般只能出现在数量结构前,如"打了小李几拳"、"砍了他一刀"等。这类数量结构表达动量时,不出现在核心动词前做状语,如"一眼看透了他"、"一刀杀了他"中"一眼"、"一刀"是代替一个事件,不是表达后边核心动词"看"、"杀"的量的。

时量词指的是"天"、"日"、"年"、"周"等,它们都是时间量度词,与数词构成数量结构表示动作的量时,纯粹表示事件延续的显性时间特征,不带有事件其他的特征,因此具有[+计时]的语义特征。从语义功能看,这类数量结构并不带有事件其他特征,它们没有指代事件的功能,单独或前加指示成分如"一周"、"一月"、"前一周"、"那一天"等,仍然是纯粹表示时间的成分。

从分布功能看,这类数量结构表示动作的延续时间时,可以在核心动词后出现,此时宾语成分可以在数量结构前或后,如"看了三十分钟小说"、"看小说三十分钟"等。这类数量结构不出现在核心动词前做状语来表达动作的量,此时其表示的是事件发生的时间,如"三年完成了两个课题"中"三年"表示"完成两个课题"发生在"三年"这个时间段内。这类数量结构可以以定语形式出现在核心动词前表示动作的量,此时定中之间"的"有时候可以不现,但一定可以加上去,如"三年的学习改变了他的一生"中"三年的学习","三年"是表示"学习"延续的时间量。

1.2.2 关于数量短语的分布研究

现代汉语中,数词同量词构成的数量短语具有多方面的组合功能,形成不同的分布特征。在一定条件下,它可以同名词、动词、形容词、代词这几类实词类范畴组合,形成定中、状中、动补、形补、述宾、主谓、复指等多种语法关系。何种形式的组合形成何种语法关系,涉及如下一些因素:

1. 量词的性质。是物量词还是动量词或是时量词?

2. 实词的性质。是名词、代词还是动词、形容词?每个实词范畴类还要考察次范畴的类别,是指人名词、事物名词还是时地名词?是动作动词还是非动作动词?是性质形容词还是状态形容词?是人称代词还是指示代词?

3. 组合的语序。数量短语位于实词之前还是位于实词之后?

4. 短语的形态。是非重叠式还是重叠式?

这四个因素,只要有一个因素改变了,数量短语同实词的组合形式或关系就有可能随之改变。对此学界的研究比较充分,各类相关专著、论文以及各类教材的相关部分都有阐述，而且观点和结论基本一致。由于数量短语的句法分布实际上形成了各类构式，与本书考察的数量短语的指代功能有直接关联，所以我们认为有必要对学界的研究以及各家观点进行梳理，综述如下。

1.2.2.1 数量短语与名词的组合

一般的语法著作和现代汉语教科书，在谈及名词的语法特点时，总是把“能受数量短语修饰”或“能与数量短语结合”作为一个主要句法分布特点予以强调，并把这一特点当作名词区别动词、形容词的重要标准。然而在全面考察数量短语同名词的组合之后便会发现，这种对名词的语法特点所作的概括是笼统的，因为没能有效地说明如下一些问题：修饰名词的数量短语是物量、动量还是时量？是作定语还是状语？数量短语同名词的组合是在名词前还是在名词后？是修饰关系、陈述关系还是别的关系？依据实际语料考察，具体情况描写如下。

1. 数量短语＋名词

1）表物量的数量短语＋名词

表物量的数量短语在前，名词在后，可以构成偏正短语，形成定中关系；也可以构成主谓短语，形成陈述关系。

A. 定中关系

(1) 一张报纸　　八名战士
(2) 一个中国　　两个德国
(3) 一个春天　　三个夜晚
(4) 三斤鲤鱼　　三斤的鲤鱼
(5) 一排一排的瓦房　　一道一道的习题

除了方位名词，指人名词、事物名词和时地名词都可以受表物量的数量短语修饰，充当定语。例(1)是指人或指物的普通名词，这种组合最为普遍，只要符合语义选择和表达需要，任何一个普通名词都可以受表物量的数量短语修饰。例(2)是处所名词，也是专有名词，能受表物量的数量短语修饰，但是含有方位语素的处所名词(如“空中、天上、地下、面前、身后”等)不能受数量短语修饰。例(3)是时间名词，也能受表物量的数量短语修饰，但是含有方位语素的时间名词(如“晚间、日前、今后”等)不受数量短语的修饰。例(4)说明数量短语作定语时一般不用结构标记“的”，表示计量；如果用了“的”就是描写性的，是从数量方面强调事物的属性，量词仅限于度量衡量词，名词也限于普通的名词，如“两米的个子”、“八吨的汽车”。例(5)是数量短语的重叠形式，主要不是计量，而是凸显事物的数量多。总的说来，能受表物量的数量短语修饰，是一般名词的基本句法分布特征。

B. 主谓关系

(6)（这两个人），一个西服，一个中山装。

(7)(最有才华的两个人),一个李强,一个王刚。

(8)(夫妻分居了),一个南屋,一个北屋。

(9)(两人都考上了),一个去年,一个今年。

(10)(他们靠着大门说话),一个里边,一个外边。

上述例句都是数量短语作主语,各类名词(包括时间名词、方位名词)作谓语,但是这种组合要受到某些条件的限制。第一,数量短语的计量作用弱化了,凸显了指代功能,指代上文出现的人物或事物;第二,做主语的数量短语呈对举形式,数词多为“一”,量词多为“个、种”等;第三,数量短语同名词的组合构成并列的两个分句,分述前边分句(或提示成分)的总述对象;第四,并列小句的谓语往往省略核心谓词,而以名词性成分出现。

2) 表动量的数量短语+名词

表动量的数量短语一般是不修饰名词的,但是在一定条件下,也可以形成特殊的定中关系或者主谓关系。

A. 定中关系

(11) 一趟厕所(竟去了一个小时)。

(12) 一趟北京(就花了两万多元)。

(13) 一回美国(可开了眼了)。

上述例句表动量的数量短语在形式上是定语,把隐略的动词(如“上、去”)表示的动作行为量转移到名词(仅限于处所名词)上,表示的不是处所的量,而是往来这个处所的动量(次数)。

B. 主谓关系

(14) (今年出去两趟),一趟北京,一趟南京。

(15) (就打了两拳),一拳头上,一拳肩上。

(16) 一刀左边,一刀右边,(乱砍一顿)。

上述例句中表动量的数量短语充当主语,构成对举分述的并列句,谓语是处所词或方位词,隐略了动量词所修饰的特定的动词。

3) 表时量的数量短语+名词

时量词蕴含潜在的物量和动量属性,经常直接用于名词前做定语或主语。

A. 定中关系

(17) 四年大学 一天功夫 一日夫妻(百日恩)

(18) 十年心血 三分钟热度

(19) 一辈子的义务 十分钟的短片

表时量的数量短语直接充当名词的定语,表示事物经历时间的长短,隐含着某种行为或事件的经历过程；如加上“的”字，就有了描写性功能，凸显时量，如例(19)。

B. 主谓关系

(20) 一阵儿京腔，一阵儿土语，(听得难受)。

(21) 一会儿风，一会儿雨，(叫人摸不见头脑)。

(22) 一周美术，一周音乐，(轮着上)。

(23) (共干了五年)，三年长工，两年短工。

表时量的数量短语做主语，通常是名词性谓语，构成隐性判断句，可以插入“是”之类的判断词。这种用法往往构成对举分述的句式，具有很强的描写性。

2. 名词＋数量短语

1) 名词＋表物量的数量短语

表物量的数量短语置于名词后边，可以形成主谓、定中、复指三种语法关系。

A. 主谓关系

(24) 黄金万两　冰棍一根

(25) 儿童十名　大将两员

(26) (那明亮的圆月)，天上一个，水中一个。

(27) (凶神恶煞的门神)，左边两个，右边一双。

上述实例分为两种情况：例(24)(25)是较为普遍的用法，数量短语置于名词之后，更凸显人或事物的数量，是偏正短语(数量＋名词)的变换式，数量短语可以移到名词前边。例(26)、例(27)不是偏正短语的变换式，数量短语不能移到名词的前边，数量短语所指的对象不是前面的方位词，而是句首的话题成分(提示成分)，数量短语具有指代作用，而且往往形成对举格式。

B. 定中关系

(28) 后面两排(往前坐)。

(29) 东边一棵(很茂盛)。

(30) 前头的两辆(是宝马)。

(31) 床上的一本(是语法书)。

上述例句中充当主语的定中短语中间可以用上助词“的”，强调它们之间的领属关系。数量短语直接作中心语具有指代功能，它所指代的人或事物可能在上文出现(可以补出)，如例(28)、例(29)，也可能直接出现在句中，如例(30)、例(31)。

C. 复指关系

(32) 走狗一类　　恶霸一伙

(33) 榆林一带　　河南一线

(34) 父子三个　　兄弟两个

上述实例属于复指关系，数量短语和名词所指的对象是相同的，主要是从数量、范围方面强调名词所指称的对象。

2) 名词＋表动量的数量短语

表动量的数量短语用于名词之后，可以形成主谓、定中两种语法关系。例如：

A. 主谓关系

(35) 上面一拳，下面一脚　　东一榔头，西一棒槌

(36) 今天一次，明天一次　　上午一遍，下午一遍

(37) 夫妻一场　　朋友一回

上述例(35)、例(36)前边都是方位词或时间词，后边都是表动量的数量短语，其中例(35)是借用动量词，例(36)是一般动量词；它们通常以对举形式出现，谓语动词在特定的语境或格式中隐略了。例(37)情况比较特殊，前边的普通名词实际上是转指了某种行为，如"夫妻"意为"做夫妻"，"朋友"意为"交朋友"。

B. 定中关系

(38) 张虎(的)一拳(打在他的脑门上)。

(39) 李豹(的)一脚(踢倒了石墩)。

上述实例中的"拳"、"脚"都是典型的动量词，数量短语"一拳"、"一脚"处在中心语位置，实际上转指某次行为动作；名词和数量短语之间蕴含一个"的"，整体充当主语。

3) 名词＋表时量的数量短语

表时量的数量短语用于名词之后，仍可形成主谓、定中、复指三种语法关系。例如：

A. 主谓关系

(40) 小学六年　经济半小时　上下五千年

(41) 洞中方一日，世上已千年。

上述实例中的时量短语都充当谓语，说明人物、事件或时间、处所经历多长时间，时量短语是自足的，属于体词性谓语。其中例(41)是对举格式，凸显时间量的对比。

B. 定中关系

(42) 女人(的)一辈子(真不容易)。

(43) 乡下(的)两年(真锻炼人)。

上述实例在名词和数量短语之间可以加上"的"，充当主语，时量词构成的数量

短语“一辈子”、“两年”不表时间量，而具有“事物性”，直接成为句子陈述的对象。

C. 复指关系

(44) 青年一代　　今年一年

上述实例中名词与时量短语之间可以加指示代词“这”，但不能加“的”，可以确认为复指关系。

1.2.2.2 数量短语与动词的组合

动量词表示动作行为的动量单位，时量词表示动作行为时量单位，由它们构成的数量短语，按理可以和动词自由组合，但此时动词往往还要求带有宾语或补语，组合并非完全不受限制的。此外，由物量词构成的数量短语能否跟动词组合，一般的语法著作很少提及，但事实上此类组合也是存在的。下面分别加以描述。

1. 数量短语＋动词

1）表动量的数量短语＋动词

表动量的数量短语用于动词之前，可以构成状中关系和主谓关系。

A. 状中关系

(45) 一脚踢翻油桶　　一口吃一个馒头

(46) 一把抓完　　一遍说清楚

上述实例中表动量的数量短语实际上充当的是动词性短语的状语，表示动作行为进行的数量和方式，因此动词都复杂形式，带上了宾语（如例 45）或补语（如例 46）。

B. 主谓关系

(47) 一趟要 50 元　　一场是两个钟头

(48) 一次都没去　　一遍也不读

上述实例中表动量的数量短语做主语，是谓语陈述的对象，具有指代性，数词通常是“一”，具有明显的构式义。如例(47)的“一趟”、“一场”有“每一”的含义；例(48)的“一次”、“一遍”被否定了，整个构式的表述属于全量否定。

2）表时量的数量短语＋动词

表时量的数量短语用于动词之前，也可以构成状中关系和主谓关系。

A. 状中关系

(49) 一天做一件事　　一周上十节课

(50) 一年写不完　　一辈子还不清

上述实例中表时量的数量短语做状语，表示动作行为进行的时间限度，动词是复杂形式，往往带上了宾语（如例 49）或补语（如例 50）。

B. 主谓关系

(51) 一年有十二个月　　一天是24小时
(52) 一天够了　　一辈子过得真快

上述实例中表时量的数量短语做主语，本身具有“事物性”，是谓语陈述的对象，谓语动词多是关系动词(如例51)或非动作动词(如例52)。

3) 表物量的数量短语＋动词

表物量的数量短语用于动词之前，也可以构成状中关系和主谓关系。

A. 状中关系

(53) 一个一个地进来　　一条一条地称
(54) 一根一根地数着　　一笔一笔地清算

上述实例中表物量的数量短语做状语，必须是重叠形式，往往带有结构标记“地”，表示动作行为的方式和情状，动词都是动作动词。

B. 主谓关系

(55) 三件穿不了　　三个吃得下
(56) 一卷有12万字　　一条就够了

上述实例表物量的数量短语做主语，由于名词性中心语的隐略，数量短语本身具有指代性，谓语动词可以是动作动词(如例55)，也可以是非动作动词(如例56)。

2. 动词＋数量短语

1) 动词＋表动量的数量短语

表动量的数量短语用于动词之后是极常见的形式，经常做补语(述补关系)，有时也做宾语(述宾关系)。

A. 述补关系

(57) 讨论一下　　调查一番
(58) 走过一遭　　跑了一回
(59) 踢了一脚　　亲了一口

上述实例表动量的数量短语做补语，表示动作行为进行的频率，凡是动作动词一般都可以带上表动量的数量短语充当补语，组合比较自由，是典型动作动词的一个语法特点。需要指出的是，这是基于传统语法分析的结论，事实上此类表动量的数量短语与表物量的数量短语具有同构性，详见下文各章分析。

B. 述宾关系

(60) 有两次　　是一趟

上述实例表动量的数量短语做宾语，整个构式是对动作行为数量的确认，表动量的数量短语“两次”、“一趟”具有指代功能，动词多为“是、有”之类的关系动词。

2）动词＋表时量的数量短语

表时量的数量短语用于动词之后也是极常见的形式，有时表示动作行为经历的时间量，做补语（述补关系）；有时表示动作行为需要的时间量，做宾语（述宾关系）。

A. 述补关系

(61) 休息一周　　访问七天

(62) 走了一小时　练过一年

上述实例中带补语的动词都是动作动词，凡是动作动词一般都可以带上表时量的数量短语充当的补语，组合比较自由，也是典型动作动词的一个语法特点。同样需要指出的是，这是基于传统语法分析的结论，事实上此类表动量的数量短语与表物量的数量短语具有同构性（详见下文各章分析）。

B. 述宾关系

(63) 需要一小时　过了一年

(64) 有一天　　　算十天

上述实例表动量的数量短语做宾语，整个构式是对动作行为数量的确认，表时量的数量短语具有指代功能，动词多为非动作动词（如例 63）或关系动词（如例 64）。

3）动词＋表物量的数量短语

表物量的数量短语用于动词之后构成述宾关系，也是很常见的。表物量的数量短语直接做宾语，他所限定的中心语名词可能移位了，也可能隐含在语境中，于是数量短语就由定语转指宾语，有明显的指代作用，带宾语的动词通常是及物动词。例如：

(65)（烟）买了一盒　　（电视机）装过一台

(66)（小偷）抓了三个　（原料）提了五包

1.2.2.3 数量短语与形容词的组合

数量短语同形容词能不能组合，组合的范围有多大，需要什么条件，对此学界关注不够。有的著作上只是在辨别数量补语和数量宾语时，提到数量短语做形容词的补语不做宾语；还有的著作在介绍物量词时指出，有些物量词不但可以用来修饰名词而且可以用来修饰形容词。其实，数量短语与形容词的组合也是很有特点的。

1. 数量短语＋形容词

1）表动量的数量短语＋形容词

表动量的数量短语用于形容词之前，只能构成主谓关系。例如：

(67) 一脚深,一脚浅

(68) 一下重,一下轻

上述实例往往是对举的,从内部分析都属于主谓关系,谓语形容词通常都是成对的量度形容词,对数量短语从状态程度方面加以评述;对举格式的整体一般是更大的句子中的状语,具有描写功能。如"他们一个个疲劳至极,一脚深一脚浅地在沼泽地里往前走"。

2) 表时量的数量短语+形容词

表时量的数量短语用于形容词之前,也只能构成主谓关系。例如:

(69) 一阵儿红,一阵儿白

(70) 一时冷,一时热

上述实例往往也是对举的,从内部来分析属于主谓关系,谓语形容词通常都是成对的量度形容词或色彩词,对数量短语从状态程度方面加以评述,一般在更大的句子中充当谓语、状语和补语,具有描写功能。

3) 表物量的数量短语+形容词

表物量的数量短语用于形容词之前,只能构成偏正关系。例如:

(71) 一尺长 三斤重 两米高

(72) 一团混乱 一片白茫茫

例(71)数量短语与形容词构成偏正短语,指明形容词表示的量度,通常是度量衡单位量词,形容词只限于"长、重、高、宽、厚、深、粗"这几个表示积极意义的量度形容词。例(72)数量短语做状态形容词的定语,量词都是"团、片、派"等,表示的量范畴比较抽象。

2. 形容词+数量短语

1) 形容词+表动量的数量短语

表动量的数量短语用于形容词之后,只能构成形补短语。例如:

(73) 热闹一番 清闲一回

(74) 亮了一下 红过一次

上述实例中的形容词都属于动态形容词,能带体标记"了、过",表动量的数量短语说明状态变化的量。

2) 形容词+表时量的数量短语

表时量的数量短语用于形容词之后,也只能构成形补短语。例如:

(75) 骄横了一辈子 轻松一会儿

(76) 黑一阵儿,红一阵儿 松一天,紧一天上述实例中时量短语都表示时段，陈述某种状态持续的时间。其中例(75)一般充当句子的谓语；例(76)往往是对举的，一般在更大的句子中充当谓语、状语和补语，具有描写功能。

3) 形容词＋表物量的数量短语

表物量的数量短语用于形容词之后，可以构成形补关系和定中关系。

A. 形补关系

(77) (他)高两米。　　　(这口井)深三千丈。

(78) (他比她)矮两公分。　(你比我)重三公斤。

(79) (牙齿)坏了一颗。　　(苹果)烂了半个。

上述例(77)、例(78)做补语的数量短语通常是度量衡单位量词，说明前边形容词的量度特征，所以经常出现在差比构式中，如例(78)。例(79)中的核心形容词都是动态形容词，是很有特点的构式，按照学界的研究，属于宾语(定中结构)分裂前移话题化的变换形式，也就是说句中“牙齿”、“苹果”原来是宾语的中心语，前移作了话题，后边就只剩下数量短语单独充当宾语，所以具有指代功能。

B. 定中关系

(80) 红彤彤的一片(云)　　黑乎乎的一团(烟雾)

(81) 白白净净的一张(脸)　方方正正的一块(石板)

上述实例中做定语的都是状态形容词或性质形容词的重叠形式，必须用结构标记“的”，做中心语的数量短语是一种隐略了中心名词的构式，指代某种移位或隐略的实体。

1.2.2.4 数量短语与代词的组合

数量短语同代词组合相对比较简单：语序上数量短语可以前置于代词，也可以后置于代词；其中量词以物量词为主，也可以出现动量词和时量词；数量短语和代词的组合可以形成主谓、定中、复指三种关系。

A. 主谓关系

(82) (去了两个人)一个你，一个我。

(83) 一个这样，一个那样，(大不相同)。

(84) 你一拳，他一脚，(打得够呛)。

上述实例情况各不相同。例(82)是判断，“一个”指代的是后边的谓语成分。例(83)是陈述，“一个”指代语境中的某些对象；例(84)“你”、“我”都是人称代词的虚指用法，而后置的数量短语“一拳”、“一脚”都是借用动量词。

B. 定中关系

(85) 这一篇，那一篇，(都没达到要求)。

(86) 这一次　　那一趟

(87) 这一年　　那三天

上述实例具有共性,例(85)的两个"一篇"是物量,例(86)的"一次"、"一趟"是动量,例(87)的"一年"、"三天"是时量。这些数量短语的中心语都移位或隐略了,因此数量短语都具有指代功能。

C. 复指关系

(88) 我们三个(都参加)。

(89) (反对的就两个人)我一个,他一个。

上述实例中代词与数量短语的组合都属于复指关系,因此数量短语没有指代功能。

1.2.3 关于数量短语的语序研究

关于数量短语的语序,通常包括物量词与名词的语序、动量词与动词的语序。学界对此都有所关注。

1.2.3.1 物量词与名词的语序

关于数量短语在句法分布中的位置,传统语法研究集中在物量词和名词的语序组合。综观研究文献可以发现,学界的认识比较一致,即通常数量短语位于名词之前限定名词,表示数量,但在一定条件下数量短语会置于名词之后。下面是有代表性的学者的观点。

马建忠在《马氏文通》(1898)中就已注意到数量短语后置的现象:"数先于名者常也。……凡数先名,所以言名之多少如其数也。……凡数后者,皆表词也。……非表词而后者,必所数者可不言而喻。"

黎锦熙在《新著国语文法》(1924)中提到数量短语与名词搭配表示计数,且语序有二类:一类为"两斤牛肉(附名词上)",即数量短语附在名词的前面;另一种为"陈米十石(附名词下)",即数量短语附在名词的后面。

王力在《中国现代语法》(1943)中指出,称数成分可以放在人物名称前头,例如"二钱人参",也可以放在人物名称的后头,例如"人参二钱"。通常情况下称数成分总是前置的,只有列举项目时才后置。

吕叔湘在《中国文法要略》(1956 修订本)中明确提出,数词、量词和名词的组合有四种格式,即(1) 二马,(2) 马二,(3) 两匹马,(4) 马二匹。吕叔湘认为(1)、(2)、(4)是文言文的用法,(2)、(4)的计算味更重些。

丁声树在《现代汉语语法讲话》(1961)中已注意到数量短语后置的限制条件,指出个体量词、集体量词、度量词和临时量词的共同之处是放在指示代词或数词的后面、名词的前面;但在记账或者列举的时候,数量词也放在名词的后面。这种用法以度量词为多。例如“白菜三斤，肉一斤”。

胡裕树、张斌在《数词和量词》(1984)中对此进行了更细致的观察和描写，认为数量短语只有在两种情况下才后置：其一是列举事物的时候，如“我买了白菜三斤、猪肉一斤”；其二是在加强语气的时候，如“再这样下去是死路一条”。在《现代汉语》(1995 重订本)中，他们进一步指出，数量词组修饰名词一般是放在名词的前边，但是在下列情况下通常放在名词的后面：其一是被说明的词语比较复杂，如“父子两个”、“大小房间一百多间”；其二是量词本身比较复杂，如“每天出动飞机三十架次”；其三是数目比较复杂，如“每月消耗掉原材料五十吨至六十吨不等”。此外，记账或是列举的时候，数量词组也放在名词的后边，如“白菜三斤，肉一斤”。

太田辰夫(1991)也提到“名＋数量”位置有两种类型：一种是放在名词前，现代汉语中使用较多；另一种是放在名词后，把“数词＋量词”作为术语使用，现代汉语中不多见，记账时才使用。

吴锡根(1991)讨论了物量词数量短语后置的条件。他认为，由物量词和数词组成的数量短语，主要语法功能是修饰名词性成分，其位置一般在名词性成分的前边，但在一定条件下也可以出现在后边。有两种情况：一种是在列举事物的时候，如“方桌一张，藤椅六把”；另一种是整个组合中某一成分较复杂时，如“大小房间一百多间”(被修饰的词语复杂)、“出动飞机三十架次”(量词复杂)、“每月消耗掉原材料五十吨至六十吨不等”(数词复杂)。

1.2.3.2 动量词与动词的语序

值得注意的是张伯江、方梅(1996)考察了现代汉语动量词与动词以及名词组合的语序问题，提出了颇有见地的观点。他们指出，动词后有动量成分和名词性成分共现时，可以有两种不同的语序，即“动・动量・名”和“动・名・动量”，例如“进一趟城”和“进城一趟”，以 VMN 和 VNM 来标示这两种语序。在对语言事实充分考察、分析的基础上，他们发现 VMN 和 VNM 在表意功能上有一个重要的区别，即 VNM 可以不借助其他语法手段表述已然事件；而 VMN 在表述已然事件时往往要用“了/过”，除非其中的 V 是动结式。换句话说，VNM 是有标记(marked)格式，而 VMN 是无标记(un-marked)格式。造成上述差别的原因也许是 VNM 构式提供了表示时态的可能性。VMN 的构造是 V / MN，M 不是 V 的后附成分，而是 N 的前加成分；而 VNM 的构造是 VN / M，M 是 VN 的后附成分。他们进而考察了 VMN 和 VNM 在现代汉语中的阶段性发展状况。总体上看 VMN 发展是变化的主流。与二三十年代相比，VMN 的使用频率增高了，组合能力增强了，适用面更广了，这个现象和两种格式的历史发展趋向是相一致的。汉语史学者的研究表明，VNM 产生于魏晋，而 VMN 在魏晋时还没有出现。作为一种后起的格式，VMN 近几十年来日趋活跃的现象表明，其正处于进一步发展的过程中。笔者认为，他们的研究透出一个重要信息，动量词构成的数量短语处在核心动词和名词宾语之间，在句法结构的切分上，并不像传统语法研究所认定的是后置于动词充当补语，而是趋向前置于名词充当定语。如“进一趟城”是“进 / 一趟城”，而不是“进一趟 / 城”。

1.2.4 关于数量短语的指代研究

汉语数量结构的基本功能是表示数量，但在一定的条件下能派生出指代功能，学界对此早有所关注。

朱德熙在《语法讲义》(1982)中就指出，数量词的主要语法功能是修饰名词。由数量词充任的修饰语和中心语之间有同位关系，因此在一定的语言环境里修饰语可以代替整个偏正结构。例如：五张＝五张纸，两间＝两间屋子。朱德熙实际上已经注意到了数量短语的指代功能。

刘月华等《实用现代汉语语法》(2001 重订本)在论数量短语的语法功能时指出，如果数量短语所修饰的名词已在上文出现，下文接着再提到该名词时，可以只说数量短语，这时数量短语就具有了代替名词的功能，直接充当句子的主语或宾语。例如：

(1) 我从图书馆借来两本书，一本是英文的，一本是中文的。

(2) A：你这个学期都选了什么课？

B：一门是中国历史，一门是中文写作，一门是中国文学。

(3) 昨天我们去商店买衣服，我买了两件，小丽买了一件。

对于现代汉语数量结构的指代功能，陆俭明(1991)进行了比较细致的描写，他在《现代汉语句法里的事物化指代现象》一文中描写了数量结构在句法层面的指代现象，并指出由数量词表示的事物化指代是现代汉语用句法手段的指代现象中重要的一种。他所说的“数量词”主要指由物量词组成的数量短语，基本功能是表示事物数量的，但在一定的句法分布中也能用来指代事物。该文列举了三种典型现象。

1. 总分式复指结构

(1) 他大弟弟和小妹妹都在新华印刷厂工作，一个是会计，一个是电话接线员。

(2) 楼上那家男的叫王永林，女的叫宋芳，一个是司机，一个是护士。

例(1)、例(2)里的“一个”表示数量的作用已经弱化了，这里无需表明人的数量，“一个”纯粹起着指代作用。例(1)前面的“一个”指代“他大弟弟”，后面的“一个”指代“他小妹妹”；例(2)前面的“一个”指代“王永林”，后面的“一个”指代“宋芳”。值得注意的是，我们不能认为例(1)、例(2)里的“一个”后省略了中心语，事实上在“一个”后面根本补不出名词。可见这里的“一个”纯粹只是起到指代的作用。

2. 数量词充当宾语

(3) 我不要这些苹果,我要筐里的三个。

(4) 给他吃大的一碗。

(5) 他就准备这三件,其他衣服都不带。

(6) 这几本书您收起来吧,我就借那两本。

该文指出数量短语和名词在句法分布中离散了,数量短语就会产生指代功能,数量短语指代事物通常作主语,如果处于宾语位置上,一般前面要带上定语。如例(3) 中"框里的",例(4) 中"大的",例(5) 的"这"和例(6) 的"那"。

3. 量词重叠充当主语

(7) 个个喜气洋洋,兴高采烈。

(8) 棵棵都挂满了大红枣。

(9) 他呀,门门考 5 分。

(10) 妈妈买了好多鱼,条条是活的。

例(7)—(10)里的"个个"指代人,"棵棵"指代枣树,"门门"指代成绩,"条条"指代鱼。量词重叠直接充当主语产生指代功能,指代对象"集合"中的所有成员,在逻辑语义上表示"全量"。

但是,总的看来,学界对数量短语在一定的句法分布条件下派生出来的指代功能,还没有引起足够的关注,缺乏全面、系统的梳理、描写、分析和解释。正是出于这样的考虑,本书立足构式语法理论,对现代汉语数量短语的指代功能加以全面、系统的考察。

1.2.5 关于汉语构式语法的研究

本书研究现代汉语数量短语的指代功能,是建立在对相关构式描写、分析的基础上的。构式语法理论是近些年来兴起的语法学派,构式语法并不是指某种单一的语法理论,它代表了一种语法研究理念,表现为一种语法理论模型。它不仅指国内介绍较多的 Goldberg(1995,2003,2006)为代表的构式语法,还包括 Kay & Fillmore (1999)为代表的构式语法、Croft(2001,2005)提出的激进构式语法以及 Bergen & Chang(2005)提出的体验构式语法,Langacker(2005)也把他的认知语法作为构式语法的一种。这一语法理论模型的提出虽然只有二十余年的历史,却有较深厚的理论渊源,近年来取得了较快的发展。

1.2.5.1 Goldberg 的认知构式语法

Goldberg 在其代表性专著《构式:论元结构的构式语法研究》(1995)中明确说明,构式语法在很大程度上来源于框架语义学(Fillmore 1975,1977,1982,1985)和基于体验的语言研究方法(Lakoff 1987,1988),她所采用的语义研究方法强调

Langacker (1987,1991)所提倡的以说话者为中心的对情境的“识解”(construal)。她还明确地概括了构式语法理论的三个特征：

> (1) 在构式语法中，词库和句法之间没有严格的分界线。词汇构式和句法构式的内部复杂性有所不同，在语音形式的表述上也有所不同，然而词汇构式和句法构式实质上是同一类明确表达的数据结构：两者都是形式和意义的配对。
>
> (2) 在构式语法中，语义和语用之间也不存在严格的分界线。焦点成分、话题性以及语域等语义信息一起都会在构式中得到表达。
>
> (3) 构式语法是生成性的而非转换性的。因为该语法力图解释为什么语法允许无穷的合乎语法的表达式存在，同时也力图解释为什么还有无数的其他表达式不合语法。在构式语法中不存在底层句法形式或语义形式，不存在底层向表层的转换，是单层次的语法理论。

陆俭明(2007)在为 Goldberg 的代表作《构式：论元结构的构式语法研究》的中译本(吴海波译)所写的“序”中指出：

> 从句法的角度说，构式语法理论提出了这样一种思想：一个个的语法格式，并不是如转换生成语法学派所说的那样由生成规则或普遍原则的操作所产生的副现象(epiphenomena)。换句话说，“句法不是生成的”；词汇项和语法结构两者之间没有绝对的界线；每个句法格式本身表示某种独立的意义，不同的句法格式有不同的句式意义。显然，构式语法理论是在对转换生成语法理论批判的基础上产生的。这种理论是以认知语言学为理论背景的，符合认知语言学“整体大于部分之和”的完形原则；特别是与 Fillmore 的“框架语义学”(Frame Semantics)具有内在的联系。

近些年来，陆俭明对构式语法相当关注，对于该理论的评价、该理论对汉语句式研究的意义都有独到的见解，并在此基础上提出了“构式——语块”的研究思路。

1.2.5.2 陆俭明的“构式—语块”假设

在“认知——言语”过程假设的基础上，陆俭明进一步提出了“构式——语块”理论。所谓“语块”(chunk)，即结构中的句法语义单元，是人类信息处理能力的实际运用单位，也是构式的构成单位。按“构式——语块”假设，每个构式都由若干个“语块”构成，语言中的句子或句法结构，既不是像传统的语法分析所认识的那样，都框定在“主—谓—宾”、“施—动—受”这样的范围内；也不是如 Chomsky 所认为的那样，凡是以某个动词为核心的句法结构都是由这个动词的论元结构转化来的。

构式内部语义配置的每一部分语义，都以一个语块的形式来负载。比如存在构式由三个语块构成：

存在处所 — 存在方式 — 存在物
NP_L V着 NP
台上 坐着 主席团

"把"字句构式由四个语块构成：

致事 — 役事 — 致使方式 — 致使结果
NP 把+NP V C
张三 把玻璃 踢 碎了

容纳量构式由三个语块构成：

容纳量 — 容纳方式 — 被容纳量
NPq V了/能V/V不了 NPq
十个人 吃了/能吃/吃不了 一锅饭
一锅饭 吃了/能吃/吃不了 十个人

陆俭明强调，对于汉语里的一些特殊句式可以用"构式——语块"理论来分析、处理。但"构式——语块"理论还不是一个成熟的理论，还要做些基础性的研究。

1.2.5.3 汉语构式研究概述

Goldberg等人提出了构式语法的理论，强调特定的构式表达特定的意义。不过这种现象并非由她和Fillmore等首先发现的，在语法研究中早就有人注意到了。即以汉语句式研究来说，王力先生早在20世纪40年代就将"把"字句称为"处置式"，认为该句式"表示处置"，这实际说的就是"NP(施事)+把+NP(受事)+VP"这一句式的语法意义。朱德熙(1981)认为"NPL+V着+NP"是个歧义句式，可以分化为C1和C2两式：Cl式表示存在，表静态(如"墙上贴着标语")；C2式表示活动，表动态(如"台上唱着戏")。朱德熙实际上指出了"NPL+V着+NP"包含有关联的两个不同句式，而不同的句式各自表示不同的语法意义，并将这种语法意义称为"高层次的语法意义"。进入新世纪以来，随着认知语言学，尤其是构式语法理论被引进汉语研究，不少学者借鉴构式语法理论，对汉语的句式进行了重新审视，提出了新的分析和解释。

沈家煊(2002)对汉语"把"字句的构式义提出了新的解释，认为汉语"把"字句有"处置"意味，这是基本符合我们的直觉的，问题的关键在于要区分两种有联系又性质不同的"处置"：一种是"客观处置"，一种是"主观处置"。客观处置指的是"甲(施事)有意识地对乙(受事)作某种实在的处置"，主观处置指的是"说话人认定甲(不一定是施事)对乙(不一定是受事)作某种处置(不一定是有意识的和实在的)"。他还指出，研究表明语言的"主观性"主要表现在三个方面：说话人的情感，说话人的视角，说话人的认识，而"把"字句的主观性在这三个方面都有体现，并通过"把"

字句与一般述宾句的比较进行了有说服力的论证。

刘丹青(2005)考察了非典型“连”字句的构式机制,认为汉语除了常见的具有强调义的“连”字句,还存在着不少另类的“连”字句,如“小福子连大气都不敢出”。其句法结构和强调作用与典型“连”字句并无二致,却无法用我们对典型“连”字句的传统共识来分析、解释。他指出典型“连”字句要表达的是一种跟预设形成鲜明反差的事实,通过预设与断言的强烈反差而达到强调的表达效果,造成反差的手段是用“连”字标示相关事件中预设可能性等级的低端项。而非典型“连”字句预设的可能性低端项本身就是谓语核心,此类非典型“连”字句的强调义来自整个构式的表义作用,具有不可分析性,因而是更具典型性的构式。

高增霞(2006)对汉语连动式进行了全面考察,认为连动式是一个典型范畴,并提出了先后顺序的三个层面,分析了汉语典型连动式以及非典型连动式的句法语义特征。由于连动式是对三个不同层面的先后顺序临摹的结果,所以连动式各个成员的典型程度也不同。先后顺序的三个层面与连动式的典型性之间的关系具体表现为:

(1) 客观层面的先后顺序:典型的连动式;
(2) 逻辑层面的先后顺序:非典型连动式;
(3) 认知层面的先后顺序:边缘的连动式。

张伯江(2008)用构式语法的理论对汉语的双及物构式(即传统认定的“双宾语句”)进行了深入的探讨,提炼出构式义对传统双宾语句进行了统一的解释。他集中讨论了构式义制约下的构式隐喻机制,认为原型“给予义”是由构式带来的,未必来自每一个具体的动词。观察出现在句式中的动词,可以发现既有动词自身表示“给予义”的,也有从给予的方式角度体现“给予义”的,更多的则是本身并没有狭义的“给予义”而借助于构式表示“给予义”的。为此他将汉语双及物构式的隐喻途径归纳为以下几种类型:

(1) 现场给予类 如:他交给老师一份作业。
(2) 瞬时抛物类 如:他扔给我一个纸团儿。
(3) 远程给予类 如:爸爸寄给我一封信。
(4) 传达信息类 如:侦察员报告团长一件事。
(5) 允诺、指派类 如:老王答应我两张电影票。
(6) 命名类 如:爸爸叫他小三儿。

1.3 研究理论和方法

本研究立足结构主义描写语法,并借鉴构式语法理论,对现代汉语数量短语在不同句法分布环境中的各类指代功能进行全面、系统的梳理、描写、分析，并尽可能做出合理的认知解释。在考察、研究过程中，坚持国外理论与汉语特点相结合的原则，事实描写和认知解释相结合的方法，力求在对语言事实考察的基础上，揭示现代汉语数量短语指代功能的实现机制和句法手段，进而证明汉语物量、动量、时量在指代功能方面的同一性。大凡研究总涉及方法论的问题，因此结合本书研究的特点，我们力求处理好以下三个关系：

1.3.1 “分析”与“整合”

“整合”强调“整体大于部分之和”，是对长期以来科学研究中“分析”的一种反思，已成为当代科学研究的主流倾向，认知语言学派的崛起就是在这样的大背景下在语言研究中的一种体现。沈家煊(2003，2006)指出，一个世纪来，中国的语法学基本上是沿着《马氏文通》的路子，不断借鉴西方的分析法而展开的，“语法分析”几乎成了“语法研究”的同义词。一些大的语法争论都是围绕着能不能分和如何分的问题展开的：先是单位的划分，词和语素、词和短语如何划分？单句和复句如何划分？其次是给划分出的单位分类，汉语的实词能不能分类？如何分法？句法成分分几类合适？主语和宾语如何划分？还有层次分析法、转换分析法、语义成分分析法、“同形异构”分析，等等。总之，一百年来我们在语法研究上所做的工作可以用一句话来概括：分析，分析，再分析。语法研究的进步基本上就是分析的广度和深度的拓展以及分析方法的改进。我们认为分析是完全必要的，通过分析找出整体的各组成部分的差异确实有助于把握整体的性质。当然我们不能仅仅停留在“分析”，而“整合”的理念就是在分析的基础上的一种传承和发展，具体说要坚持以下两个做法：其一，讲整合不能否定过去在分析方面的成绩，要在分析的基础上讲整合；反过来说讲整合效应要有利于分析方法的改进。例如用“有界”和“无界”这对概念来统摄三大实词类，那是在名词、动词、形容词被分别分析出两个小类的基础上再加以归纳、整合的结果，没有以前的分析就没有现在的整合。其二，讲整合不能泛泛而谈，到底怎么整合要讲出一些令人信服的道理来。不少学者都认为汉语注重“意合”，究竟怎么个意合法要能说清楚其中的机理。事实上心理上“完形”结构的形成是有一定规律的，大致有“邻近原则”、“相似原则”、“优选原则”等，这些原则在组词造句的过程中同样起作用，对解释汉语的“意合”就很有效。

1.3.2 “借鉴”与“创新”

汉语的认知语言学研究方兴未艾，具有很大的挖掘空间，研究成果呈几何级数增长，这必将大大推进汉语语言学研究的进程，是一个令人兴奋的局面。但同时我们也要清醒地看到研究的不足和存在的问题。其中最根本的就是要注意理论与实际相结合，特别要与中国语言、中国语言学的实际相结合。因为国外的语言学理论基本上是从印欧语系的语言中提炼出来的，是考察西方形态语言的成果，而汉语不属于形态语言，具有自身的特点。因此，任何一个国外的理论流派介绍到中国来，都有一个如何与中国的实际相结合的问题，有适合分析、解释汉语的部分，也有不适合分析、解释汉语的部分，这是显而易见的。透过中西方文化差异的程度，可以推测汉语和西方语言差异的程度，可能要比我们想象的大得多。中国的实际包括中国语言学的传统和现状，也包括中国丰富的语言资源，包括历史的和现在的、汉语的和民语的、共同语的和方言的。事实证明，外来的东西只有与本土的实际相结合才有肥沃的土壤，才能开花结果，不然就只能是昙花一现，不能持久。

1.3.3 “解释”与“预测”

认知语言学认为，形式和意义之间的关系既不是完全任意的，也不是完全可以预测的，而是一种“有理据的约定俗成”。认知语法的研究表明，我们对语法结构可以作出充分的解释，但只能做到不完全的预测。语言符号及其序列都是形式和意义的匹配，但形式和意义之间既不全是一一对应的关系，也不全是毫无对应的关系，而往往表现为一种“扭曲关系”。造成这种扭曲关系的原因之一是语言演变，即形式和意义演变的“不同步”：形式的演变滞后于意义的演变，形式发生演变之后旧有的意义还会部分保留。语言的演变永不停止，形式和意义之间的扭曲对应就是常态。既然形式和意义之间往往是部分的、不完全的对应，那么我们也就只能对语法现象做出部分的、不完全的预测。语言研究不可能做到完全预测，这是语言学这门科学的研究对象的性质所决定的。凡是复杂和开放的系统都无法做到充分的预测。语言是一个复杂系统，是许许多多方面和因素互相作用和综合的结果，复杂系统永远也不可能达到均衡的状态，它总是处在不断展开、不断转变之中，如果这个系统确实达到了均衡状态或稳定状态，它就变成了一个死的系统。语言也是一个开放系统，处于不断的演变之中，语言的形式和意义之间因而是一种不完全的对应的关系。跟气象学、进化学、地质学和天文学一样，语言虽然不能做到完全的预测，但仍然不失为一门科学。

1.4 语料来源

本书所引用的语料主要来自以下三个方面：

1. 北京大学汉语语言学研究中心开发的CCL语料库检索系统。
2. 前辈时贤论文中引用的相关例句。
3. 部分自省例句。

考虑到本书考察的对象是现代汉语共时平面的语言现象，在撰写过程中笔者对部分不太规范的例句作了必要的调整，为行文简洁，本书所用例句不一一注明出处。

第二章　数量短语指代功能及其分类

2.1　数量短语指代功能的产生机制

数量短语的基本功能是表数量，指代功能显然是一种派生功能。考察现代汉语数量短语的指代功能，首先面临的问题是数量短语是否有指代功能，如果有指代功能，又是如何导致、产生的。对于这一现象，学界有着不同的解释，比如形式语法学派就用“空语类回指”来说明此类现象。本书立足功能学派，基于认知语法，尤其是相关构式的框架制约来说明此类现象，确认数量短语在不同构式框架中派生出来的指代功能及其强弱属性。先阐述数词的基本语义及其句法变异，再阐述量词的基本功能及其认知基础，在此基础上论证数量短语指代功能产生的理据。

2.1.1　数词的基本语义及其句法变异

2.1.1.1　数词的基本语义研究

数词的基本语义是表数，这是显而易见的，但学界对“数词”的定名和归属有一个逐步认识的过程。《马氏文通》(1898)把数词归为形容词(即“静字”)；陈承泽《国文法草创》(1922)把数词归入名词的次类；刘复的《中国文法通论》(1920)和金兆梓《国文法之研究》(1922)则把数词归入代名词；黎锦熙的《新著国语文法》(1924)也把数词归为形容词；陆志韦《北京话单音词词汇》(1956)把数词列入指代词一类。随着词类研究的发展，数词的定名和归属有了新的发展。王力《中国现代语法》(1944)提出“数词”这个概念，并限定这一概念为一切数目字，表示实物的数目，包括“半”、“双”两个词，但他又把数词归入形容词一类，算作形容词的一个附类。吕叔湘《中国文法要略》(1942)把数词归入指称词(称代词)，定名为数量指称词。高名凯《汉语语法论》(1948)单独讨论了数词，并介绍了数目系统及序数的表示法。对数词加以全面描写，并为后来进一步深入研究起到关键作用的是丁声树，他在《现代汉语语法讲话》(1961)一书中确立了“数词”的词类地位。至此数词作为其他词类的“附类”的观点被摒弃，数词词类的确定为后来数词及量词的研究打下了基础。就学界的研究现状来看，对数词范畴自足系统的研究比较少，大多是把数词与量词作为一个组合体来作的研究，偏重于对“数量”组合中量词的深入描写和解释，如胡附的《数词和量词》(1984)、王希杰的《数词、量词、代词》(1990)都对数量词的语法功能进行了深入细致的研究。

值得一提的是，在现代汉语的数词研究中，国内外对"一"直接修饰动词的现象研究得比较充分。例如：

(1) 他往藤椅上一坐，就开始发号施令。

(2) 她纤细的手指在按钮上轻轻一按，门就打开了。

对此类现象的研究，龙景科(2008)曾作了较为详尽的综述。如前苏联学者华西列夫和舒茨基认为汉语动词前的"一"表示"一次体"；龙果夫把这种形式叫"动词一次式"；雅洪托夫将"一"看作"瞬时过去时的标志"。国内学者如吕叔湘、王力等对此均有所涉及。其他学者如詹开第认为"一＋动词"是汉语表示"动相"(aspect)的一种手段；汪化云认为"一"是"实现态"；殷志平提出"一"是"始点体"标记；李宇明将"一"看作"最近完成"的体标记。

2.1.1.2　真值义与非真值义

数词的基本语义是表数，学界之所以对数词"一"较为关注，源于数词"一"有时表示真值义(逻辑义)，有时表示非真值义(非逻辑语义)。如袁毓林(2004)等对"一"表"满、全"这类非真值义的现象进行了全方位、多角度的对比研究；邢福义(2000)对嵌"一"格式"一V"、"V一V"和"V一VA"的描写、分析也很深入。真值义数词和非真值义数词之间的区别主要体现为语义上的差异，而语义的差别又是句法变异导致的结果，即特定的句法分布位置所致。

通常表示逻辑量的数词形式属于真值义数词。例如：

(3) 你确实有两下子，像这样跑，不要三天，就可以跑到边境上去。

(4) 票数排在第一位的一套即为最佳邮票，排在第二、第三位的两套即为优秀邮票，凡符合统计结果顺序者，即为中选。

凡真值义数词均可用其他真值义数词进行自由替换，不影响句子的句法功能。上面例(3)中的"三(天)"、例(4)中的"一(套)"、"两(套)"都为真值义数词。如不考虑句子的逻辑量，可以用任何其他真值义数词替换。

不表示逻辑量的数词，即按照数词逻辑义理解不符合句子语义的形式属于非真值义数词，主要是"一"。例如：

(5) 灰飞烟灭，未建成的庞大厂房、恐龙般的吊车轮廓依稀可见，笼罩在一片水雾弥漫之中。

(6) 一楼人都跑光了，扔了一地形形色色的鞋。

(7) 阿眉在厨房里忙碌着，把饮料倒进一只只杯子，我不时可以看到她蓝色身影的闪动。

(8) 头发湿漉漉地贴在额上颊边，雨水流进她大张的嘴，白色的牙齿一晃一晃，喧嚣的雨声使我听不清她在喊什么。

(9) 在这里她一个人都不认识。

(10) 山上只有稀稀拉拉的灌木丛，一户人家也没有。

上述例(5)中的“一(片)”、例(6)中的两个“一”都表示“全、满”的意思，属于全量表述。例(7)中“一(只只)”表示“每一”，属于静态多量；例(8)中“一(晃)一(晃)”表示动作的连续性，属于动态多量。例(9)、例(10)中的两个“一”与否定词连用，形成“一 N＋都/也＋不/没＋VP”的构式，通过对最小量“一”的否定实现全量否定的表述功能。以上用例中的“一”都属于非真值义数词，不能用其他数词替换。

2.1.1.3 非真值义的语义类型

根据学界的研究，非真值义数词“一”的语义类型比较复杂。比如表主观小量的格式“一 V”、“V 一 V”(如“一坐”、“看一看”)中，数词“一”的语义已经虚化，而且没有量词组合；含“一个”的动补格式“V＋(一)个＋A”(如：吃一个痛快)中，数量短语“一个”已经虚化为一个语用标记。这两类不属于本书研究范围，故不赘述。立足本文讨论的数量短语指代功能，非真值义“一量”的语义类型可以分为三类：弱化量义、泛化量义、全量义。

1. 弱化量义

“弱化量义”指在特定的句法构式中，“一量”的表数功能弱化了，凸显的是指代功能。例如：

(11) 江浙有两个湖：一个是太湖，一个是西湖。

(12) 猴子们很好奇，那圆圆的月亮，天上一个，水中一个。

(13) 那个自以为是的家伙，就是傻瓜一个。

(14) 我们好歹朋友一场，闹过了也就算了。

(15) 不用老往省城跑，这点小事，一趟也就搞定了。

(16) 办公室琐事多，一天也看不了多少书，考试怎么过得去？

上述实例中的“一量”，有的表示物量(如例 11—13)，有的表示动量(如例 14、例 15)，有的表示时量(如例 16)，它们的一个共同特点是表数的功能已经弱化，不能用其他数词替换。由于数量短语与所限定的中心语分裂，或因中心语隐含在语境中而单独出现，主要功能是指代，可能指代实体(如例 11—13)，也可能指代类事件(如例 14、例 15)，还可能指代某个时段(如例 16)。

2. 泛化量义

“泛化量义”指在特定的句法构式中，“一量”的复叠形式“一量量”、“一量一量”、“一量 A_1 一量 A_2”或“V_1 一量 V_2 一量”，泛指“多量”，包括静态多量(量大)或动态多量(连续)。例如：

(17) 他们一个个溜出教室，到外面捣蛋去了。

(18) 北风一阵阵，雪花一片片，第一次到北方，感觉倒也奇特。

(19) 他们一本一本仔细翻看，终于发现了线索。

(20) 农民新村一排一排，整齐美观，相当气派。

(21) 半夜里招魂，一声长一声短的，叫人毛骨悚然。

(22) 呆在寺庙里也没啥指望，过一天算一天。

上述实例中包括了“一量”的各类复叠形式，量词也包括物量、动量、时量各类量词，但都表示“量增”。有的表示静态多量，如例(18)中“一阵阵”、“一片片”泛指刮风下雪状态，风急雪大；例(20)中“一排一排”泛指新楼多，肯定不止一排；例(22)中“过一天算一天”泛指那段时间，肯定不止一天。有的表示动态多量，如例(17)“一个个”、例(19)“一本一本”、例(21)“一声长一声短”都表示事件或状态的连续性，含有时间因素。

3. 全量义

“全量义”指在特定句法构式中，“一量”、“一量量”(充当主语为常)表示“每一”，凸显某个所指集合中的全体成员；或构成“一量＋都/也＋不/没＋VP”，通过否定最小量“一”来否定全量。例如：

(23) 突击队在村口集合，一个个身强力壮。

(24) 整个运动会的各项比赛，一场比一场精彩。

(25) 一周干5天，一天做8小时。

(26) 所有亲朋好友，一个都不理他。

(27) 离省城这么近，居然一次都没去过。

(28) 这个春节，我一天也没有休息。

上述例(23)—例(25)中的“一量”或“一量量”，在理解时都必须加上“每”，如例(23)中“一个个”指“每一个”；例(24)中“一场比一场精彩”意为“场场都精彩”，就是“每一场”都精彩；例(25)讲工作时间，不是指某一周、某一天，而是指“每一周”和“每一天”。例(26)—例(28)都是“一量＋都/也＋不/没＋VP”构式，例(26)“一个都不理他”就是任何人都不理他，例(27)“一次都没去过”就是从来没有去过，例(28)“一天都没有休息”就是天天都有事干。此类构式之所以能表示否定性的“周遍义”或“遍指性”，就是通过否定最小量“一”来满足否定全量的表述功能。

2.1.2　量词的基本功能及其认知基础

具有丰富的量词是汉藏语系的特点，也是汉语的语法特点之一。那么汉语量词的基本功能究竟是什么？与此相关的是汉语的物量、动量、时量是否具有同一性？传统语法的研究对此没有做出令人满意的解释。近些年来，在功能学派，尤其是认知语法的推动下，学界对汉语量词有了全新的认识。这里涉及两个有关联的核心问题：其一是量词功能的同一性；其二是 VP＋QM(即“动词＋数量”)的同构性。

2.1.2.1 量词功能的同一性

涉及汉语量词的功能，首先是对量词概念的界定。笔者同意刘辉(2009)的观点，将物量词界定为“实体量词”，动量词界定为“事件量词”，照此推理那么时量词可界定为“时段量词”。下面分别加以讨论。

1. 实体量词

Doetjes(1996,1997)指出，可数名词指称上的可数性必须在句法上得以标示，而不同语言采用不同的方式来标示可数性，非量词型语言多采用数形态(number morphology)，而量词型语言往往使用量词(count-classifier)。也就是说，标示名词可数性是否使用量词具有类型学的意义。依据国外学者的研究，英语中的普通名词本身具有“个体性”，所以如果是复数(非个体)就必须添加形尾-S(如 book → books)；而汉语的普通名词都是通指类名，是非个体的“集合”，因此需要用量词(外部标记)来使其“个体化”，才能落实数量表达。Lyons(1977)较早讨论了语言中实体量词的个体化功能，他认为实体量词提供或者预设了实体的个体化原则。大河内康宪(1993)借鉴这个论断对汉语的实体量词进行了考察，指出汉语实体量词的作用在于使得表达类名(name of kind)的光杆名词能够指称具体的个体。刘丹青(2008)在讨论定语属性的论文中进一步强化了这个观点，专门讨论了实体量词的功能，指出实体量词不能为名词增加数量信息，对名词指称的分类也仅仅是附带功能，最主要的功能就是“个体化”(individuate)。按照刘辉(2009)的概括，实体量词的作用使表达类别的名词或名词短语具有了个体外延，这些个体外延构成集合(set)，集合的大小由语用限制，其成员数量由数词表达。例如：

类名：书　　　人
个体：一本书　一个人

2. 事件量词

基于上述对实体量词的界定，刘辉(2009)进一步指出，事件量词的基本语义功能也是对事件类别进行个体化。他认为在语言表达中存在“类事件”和“个体事件”的区别。例如：

a. 前天中午，张三在家乐福买了海鲜。
b. 昨天中午，张三在家乐福买了海鲜。
c. 今天中午，张三在沃尔玛买了海鲜。
d. 今天中午，李四在沃尔玛买了海鲜。

上述四句话各自指称一个个体事件，具有特定的时间、处所信息。虽然这四个事件彼此区别，但是我们还是可以从中抽绎出蕴含的共性特征。比如 a、b 是“张三在家乐福买海鲜”在不同时段的实现；c 的处所和前两句不同，但它们都是“张三买海鲜”的实现。d和前三句区别较大，它们之间不仅是时段的不同，也不仅是处所的不同，而且参与者也不同。因此，d不能看作是“张三买海鲜”的实现，而是“李四买海鲜”的实现。但它们背后仍蕴含共性的特征，都是对某人“买海鲜”这个类事件的进一步分类。由此类推，“买N”具有进一步抽象的可能。例如：

买海鲜　买水果　买衣服……

上面的分析说明，汉语的光杆动词并不指称发生在具体时间的个体事件，而是具有相同性质的个体事件所反映出的类事件。不仅光杆动词可以指称类事件，动词和论元、附加语的组合也可以指称类事件。这些依存成分对动词的意义作出了更明确的限制，将类事件划分为次类事件（subkinds of event），同样可以成为事件量词个体化的对象。值得注意的是时间和处所对于个体事件的作用并不相同：同一次类的两个个体事件可以于不同时段在同一处所发生，但不能于同一个时段在不同处所发生，因为一个实体不可能在同一时段身处两地。因此，刘辉（2009）对事件量词作了如下的界定：

事件量词的个体化作用表现在为事件类别或次类指派不同的个体时段，而数词表达的则是和话语有关的个体事件的数量。

3. 时段量词

既然事件量词的个体化作用表现在为事件类别或次类指派不同的个体时段，我们较容易推导出时段量词的基本语义功能。很显然，时段量词与某个事件展开过程（以自然终结点为准）的时段有关。客观的时间是没有单位的，对于时间单位的个体化完全是人为规定的后果，我们可以使用“年、天、小时、分钟”等人为制定的时段单位作为依据，对某个事件所持续的时间进行个体化，并用数词表达时段的数量。例如：

这一大堆论文，小张整整看了三天。

上述实例中，“小张看论文”是一个事件，这个事件延续的时间被时段量词“天”个体化了，落实为具体的时量是“三天”。

综上所述，我们可以依据量词个体化功能来统一解释三类不同的量词：物量词是“实体量词”，它的功能是对实体类“个体化”，使之成为可数对象；动量词是“事件量词”，它的功能是对事件类“个体化”，使之成为可数对象；时量词是“时段量词”，它的功能是对时间段“个体化”，使之成为可数对象。这其中的认知机制就是“本体隐喻”，从而使得这三类语义上有区别的量词在功能上具有了同一性。需要说明的是，界定“实体量词”、“事件量词”、“时段量词”，是为了论证它们的功能的同一性，但为了行文简洁，下文我们仍将采用“物量词”、“动量词”、“时量词”的称谓。

2.1.2.2 VP＋QM的同构性

对于VP＋QM(动词＋数量)结构的句法属性的认定，历来是学界的分歧所在，学者们对此作了不同的分析("述宾"或"述补")；而对于数量词的语法属性，几乎所有的汉语语法论著又都作了一致的认定(即"体词性")。笔者认为这本身就是一个悖论。

1. 学界观点的评述

丁声树等(1961)首先提出"动词＋动量"(如"打了两下")和"动词＋时量"(如"等了两年")与"动词＋物量"(如"搬去两个")具有同构性，因此将其中的数量成分判定为"准宾语"，并指出准宾语和宾语的性质相近。赵元任(1979)指出汉语有一些特殊类型的宾语，其中有一类称为"自身宾语"，包括表示动作的次数(如"打两下、吃三顿")，表示时间的长短(如"住了三年、等了半天")。而后，朱德熙(1982，1985)对此进行了较为充分的论证。他立足结构主义语言观，坚持"同一性"原则，指出动词后带表示动量或者时量词语的格式(如"洗一次、住一天")跟述补结构之间没有什么共同点。把这个位置上的表示动量或时量的词语归到补语里去，主要是因为不愿意承认它们是宾语。其实此类格式跟动词后头带名量宾语的格式(如"买一本，吃一块")都是由动词和数量词组成的，在结构上有许多平行的现象。为此朱德熙列出了一系列句法平行格式作为佐证(为便于阐述，笔者略加删减)：

动词＋名量	买一本　买了一本　买一本书　一本也没买 吃一块　吃了一块　吃一块糖　一块也没吃
动词＋动量	洗一次　洗了一次　洗一次头　一次也没洗 敲一下　敲了一下　敲一下门　一下也没敲
动词＋时量	住一天　住了一天　住一天旅馆　一天也没住

其他学者如马庆株(1981，1983)、张伯江、方梅(1996)等也支持上述观点，将VP＋QM统一处理为述宾结构。

2. 本文观点的阐述

但这些观点并未被学界广泛接受，相反的占主流的分析都将"VP＋QM(物量)"认定为述宾结构，而把"VP＋QM(动量／时量)"认定为述补结构。反对的理由为"书"是论"本"的，"糖"是论"块"的，但"头"不能论"次"，"门"也不能论"下"，因此可以说"一本书、一块糖"，但不能说"一次头、一下门"，由此证明"一次"、"一下"在语义上跟前边的动词发生联系，所以把"VP＋QM(动量／时量)"认定为述补结构。

笔者认为这样的观点值得商榷。首先，我们通常不单说"一次头、一下门"，只能证明它们不是一个自由形式，却无法否认它们是一个句法形式。事实上朱德熙(1985)就举出了下列句子加以反驳：

一次头也没洗。　　两次头一洗，就感冒了。
一天旅馆也没住。　三天旅馆住下来，胃口就没有了。

其次，认为“书”是论“本”的，“糖”是论“块”的，但“头”不能论“次”，“门”也不能论“下”，这只是从单纯的语义选择性来看问题。朱德熙(1985)明确指出：结构上相关的两个成分，意义上不一定有多少联系；反过来说，意义上有联系的成分，结构上也不一定有直接关系。比如副词“都”和“也”从结构上看是修饰后面的谓词性成分的，可是从意义上看却是说明前面主语的范围。如“他们/都去了，老王/也去了”，表示范围的“都”和“也”在结构层次分析上是不能划归前面的主语的。又比如“圆圆的排成一个圈儿”、“酽酽的沏一杯茶”，从结构上说“圆圆的”和“酽酽的”是状语，是修饰后面的动词的，但是意义上却是跟动词的宾语“圈儿”、“茶”相联系的。笔者认为，此类现象属于典型的“形义错配”现象，这种现象在语言中是具有普遍性的。

如果上述论证是合理的，那么 VP＋QM 结构中，不论 M 是物量词、动量词或时量词，它们都具有同构性；至于把后边的 QM 认定为宾语还是补语，这并不重要，重要的是它们是属于同一性质的成分。从结构主义的“同一性”原则来看，这种分析是合理的；从构式语法的“同构性”视角来看，这种分析也是合理的。

2.1.3　数量短语指代功能产生的理据

2.1.3.1　指代功能的句法条件

在现代汉语中，就数量短语本身而言，基本功能是限定性表数，限定某类实体、某类事件、某个时段的“量”，因此它们往往处在修饰语的位置充当定语，限定中心语成分。举些简单的例子来加以说明：

(29) 他又买了两本语法书。
(30) 他只看了一次电影。
(31) 他整整读了三天论文。

在上述实例中，数量短语“两本”、“一次”、“三天”都处在句中宾语的定语位置，分别用来限定“语法书”的物量、“看电影”的动量、“读论文”的时量。这时，中心语被数量短语限定，整个偏正短语共同承担指称功能，数量短语不独立承担指代功能。

但由于构式的变换，导致中心语成分移位或隐略，数量短语可能与所限定的中心语分裂。这时，数量短语便独立充当某个句法成分，它们就不得不承担指代功能，指代句中移位或隐略的那个中心语。例如：

(32) (语法书)他又买了两本。
(33) (电影)他只看了一次。

(34)（论文）他整整读了三天。

在上述实例中，由于数量短语限定的中心语前移作了句子的话题，在原来宾语位置上只留下了数量短语，这时它们是合法的、独立的宾语，是句子核心动词直接支配的受事论元，自然就承担起指代的功能，分别指代前移或隐略的“语法书”、“电影”、“论文”。其中“两本”直接指代“语法书”这类实体，“一次”转指“（看）电影”这类事件，“三天”转指“（读）论文”这个时段。应当指出的是，数量短语的指代功能属于间接“回指”，不是直接“指称”，这是数量短语本身的属性所限制的。只有当句子出现或隐含了某个对象（实体或事件），数量短语才有可能指代某个出现或隐略的“先行语”。因此，从本质上来说，数量短语指代功能属于篇章范畴的“回指”现象。

数量短语的指代功能有两种情况值得关注：一种是句中的数量短语有指代的对象，但形式上不匹配，即该对象同数量短语无法一一对应，而数量短语之后也不可能出现所指代的中心语。例如：

(35) 父母两个，一个是私营企业的老板，一个是国有企业的老总。

(36) 今年老出差，一次是北京，还有两次是上海。

例(35)中的两个“一个”的指代对象，从语序来看好像“父”在前“母”在后，但在此类总分式复指结构中，“一个”的指代功能很强，后边一般不出现中心语；如果要指明对象，只能用“父亲”、“母亲”来分别替换两个并列分句中的“一个”。例(36)中的“一次”和“两次”显然指代前边出现的“出差”，但“出差”是个类事件，并不是“一次”和“两次”的中心语，数量短语之后同样无法补出中心语。

另一种情况是句中的数量短语指代的对象不在句子中，要从语境中推导出来。例如：

(37) 警察们没了主意，跑到大街上，见一个逮一个。

(38) 听说解放军快要兵临城下了，形势一天比一天紧张，搞得人心惶惶。

上述实例中“一量”都是有所指代的，但指代对象不确定，在句中没有出现，只有结合语境才能理解所指代的对象。如例(37)中的“一个”指语境提示的背景下，当时当地在大街上的任何一个人，例(38)中的“一天”指当时语境提示的背景下，这一段时间中的任何一天。

需要说明的是，形式语法学派是不承认数量短语具有指代功能的，按照他们的研究理念和分析程序，此类现象被看作是篇章中的“零形式回指”。也就是说数量短语本身是不可能具有指代功能的，真正承担“回指”功能的是数量短语后边隐去的或不可能出现的中心语成分，而中心语成分存在的心理现实性是“语迹 t”或“隐含 p”，属于“空语类”。例如（t 代表“语迹”，i 表示“同指关系”）：

(39) 他写了两本畅销书。

→畅销书$_i$他写了两本(t_i)。

(40) 坐滑竿上山，一趟60元。

→坐滑竿上山$_i$，一趟(P_i)60元。

上述例(39)中t_i是“畅销书”位移留下的语迹，所以两者有同指标记，“两本”通过t_i回指实体“畅销书”；例(40)中P_i是蕴含“坐滑竿上山”的空语类，它一般不可能出现，“一趟”通过P_i回指类事件“坐滑竿上山”。

从上述分析可见，对于数量短语指代这样一种语言现象，形式语法学派的解释落实到了移位或隐含的“空语类”，而认知语法学派的解释却直接落实到数量短语本身。笔者认为，对于客观存在的某类语言现象，重要的是对语言现象本身的描写、分析是否合理，至于如何解释是另一回事。因为这涉及到不同语法流派的研究理念和分析程序，对同一类语言现象作出截然不同的解释，是很正常的现象，可以商榷，可以争论，但这不妨碍我们对某类语言现象的关注和研究。那么，为什么数量短语在独立充当句法成分时就会产生篇章“回指”的指代功能呢？归根结底是内因和外因双向互动的结果，“内因”指数量短语本身潜在的语义因子，“外因”指构式框架“强制附义”效应。下面分别加以讨论。

2.1.3.2　数量短语的潜在语义

数量短语自身不足以产生指代功能，但不等于说数量短语没有潜在指代的语义因子。以物量词为例，数量短语修饰的普通名词通常是一个“通指类名”，不具有“个体性”，本身无法和某个具体的个体对象发生联系。比如“学生”这个范畴指所有符合学生这类外延条件的人，“飞机”这个范畴指所有符合飞机这类外延条件的飞行器，这是词义最主要的特征“概括性”所决定的。而数量短语的功能前文已有阐述，数词的基本功能是落实“数”，量词的基本功能是“个体化”，使得本来“通指”的类范畴“单指”，落实为可指称的具体对象。因此，准确地说，“数量＋名”结构共同承担了“指称”的功能，其中“数量”落实个体化对象的“量”，名词提供了个体化对象的“类”。如果失去了个体化对象的“类”的依托，数量短语只能落实个体化对象的“量”，所以数量短语无法独立承担“指称”功能；而如果在句中出现或在语境中隐含了个体化对象的“类”，数量短语单独充当句法成分，那么“指代”某个在句中出现或在语境中隐含了的个体化对象，就是顺理成章的了。但是，数词和量词在指称功能方面的作用是不一样的，其中数词只落实具体的“量”，而量词才真正解决了指称对象“个体化”的资格；事实上当“个体化”对象只有“一”的条件下，“一”通常被隐去，如“买本书”、“吃顿饭”等，从中也可以窥见数词和量词在指称化过程的不同作用。

汉语学界对量词的认识是有一个过程的，曾经有人认为现代汉语的量词有其“名”而无其“实”，似乎可有可无，只是一个冗余的形式。这种看法是一种误解，至少不明白量词的作用。如果真的可有可无，那么根据自然语言的“经济原则”，此类形式会被淘汰。根据前文论述，现代汉语的量词具有独特的“个体化”功能，是实词类范畴实现指称功能的重要“媒介”，是一种形式标记，具有类型学的意义。上文(2.1.2)阐述量词的基本功能及其认知基础时，我们曾提到作为实词类范畴实现指称功能的“个体化”形式标记，在语言中具有普适性，只不过不同的语言对“个体化”形式标记的选择不同而已。英语中，普通名词(特指可数名词)本身就是个体化的，或者说英语中名词的个体化标记是一个“零形式”，一旦这个指称对象不是个体时，就必须添加复数标记，如 a student→three students。也就是说，英语普通名词的个体形式是个“零形式”，而非个体形式要通过附加-s 这个形态标记来实现；而汉语普通名词的非个体形式是个“零形式”，而个体化形式要通过量词这个外部标记来实现。总之，一个实词类范畴具有“个体”和“非个体”的形式区别，这是自然语言的一个共性。

值得关注的是，汉语中作为个体化标记的量词语法化是不彻底的，本来量词作为纯粹的个体化标记，应该不再承载具体的语义。而事实上汉语量词大多是实词类(名词、动词、形容词)虚化的结果，至今还有一些被称为“借用量词”的，如借用为物量词的“杯、碗、桶、瓶、盆”等，借用为动量词的“拳、脚、刀、棍、声”。汉语量词语法化不彻底的现状，使得量词还多多少少带有原实词的语义特征，因此不少学者对汉语实词与量词的语义关联，尤其是对量词的选择依据进行了考察、描写和解释，如邵敬敏(1993)、石毓智(2000)、郭先珍(2002)、刘街生(2003)、何杰(2008)，等等(参见本书 1.2.1)。量词残留实词语义，使得特定的量词与特定的实词类之间形成了一种较为稳定的组合关系。邵敬敏(1993)明确指出，量词的语义如果极其明确，它对名词的选择组合是单一的，则名词即使不出现，也不会引起误解，这时数量短语本身便可以替代名词，或从另一角度讲，名词可以省略；尤其是加上动词的语义制约，那时数量词组的语义内涵就更加确定无疑了。例如：

a. 中间因有事漏看了一幕(戏)。
b. 那边空地上已经盖起了好几幢(楼房)。
c. 他把走廊里的几盏(灯)都关了。
d. 我也来说上几句(话)。

综上所述，数量短语本身就蕴含了一定的指代功能，尤其是量词本身的“个体化”功能以及残留的语义因子，成为数量短语指代功能产生的“内因”。

2.1.3.3 构式赋义的强制效应

数量短语指代功能产生的“内因”是潜在的，而激活内因的外部条件是构式赋义的强制效应。“构式赋义”的核心是“强制”(coercion)，是构式语法的基本理念。Goldberg(1995)曾举例说明了这个原理。例如：

She baked him a cake.（她为他烤了一个蛋糕。）

核心动词 bake 本来是一个二价动词，只能直接支配两个论元（施事 she 和受事 cake），但在上例中却增加了一个论元（涉事 him）。对此 Goldberg 明确指出，在构式语法的研究中，我们认为关于致使移动、有意转移或致使结果的最终解读可以归结于不同的构式。也就是说，我们认为框架构式（skeletal construction）本身可以提供论元。例如我们认为双及物构式与施事、受事和接受者角色直接相联，因而制造类动词（如 bake）可以在该构式中出现。我们不必因为 bake 可以出现在双及物构式中而再为它专门设定一个特别的意义。总而言之，笔者认为上例中的直接宾语 him 是作为双及物构式的语义角色指派而非动词的论元结构得到允准的。

汉语的情况也一样，比如句法研究中借鉴了语义学中的“语义特征”分析方法，指的是该小类实词所特有的、能对其所在的句法格式起制约作用的、并足以区别于其他小类实词的“语义要素”。因此，实词的这种语义特征都是结合具体的句法格式概括得到的，而不是离开具体的句法格式单纯从词义的角度分析、概括得到的。如“写”离开具体句式，一般怎么也不会想到它还具有[＋给予]的语义特征，只有在考察了“N＋V＋给＋N_1＋N_2”这一构式（双及物构式），并且确认进入这一句式的动词都含有潜在的“给予”的语义特征之后，“写”这一语义特征才能加以确定，如“我写给他一封信”。也就是说，“写”本身并不具有[＋给予]的语义特征，这个语义特征是双及物构式强制性赋予的。

现代汉语中数量短语之所以具有指代功能，关键在于数量短语在形式上与它所依附的实词类“分裂”，单独充当句法成分。而这正是特定构式所导致的结果，是构式赋义的强制性效应。我们列举一组典型构式加以说明。例如：

(41) 李逵一抬手砍了一个宋军校尉。
(42) 宋军将士李逵一口气砍了七八个。
(43) 冲进城门，李逵见一个砍一个。

按照构式语法理论，任何一种语言的所有可能的表达式形成一个形式与意义匹配的构式网络“清单”，其中每一个构式都具有特定的话语功能，而说话人是基于对情景的“识解”（construal）选择特定的构式以准确表达自己的意愿。上述三个句子的构式及其话语功能是不一样的，也就是说面对李逵砍杀宋军将士这样一个场景，说话人依据自己的表达意图作了不同的选择。例(41)要凸显的是李逵砍杀的具体对象，所以动词“砍”后边一定要出现“数量＋名”结构的宾语“一个宋军校尉”，作为句子的尾焦点。说话人选择的是常见的“施—动—受”构式 $NP_{(施)}$＋VP＋$NP_{(受)}$，其中 NP 是“数量＋名”结构，由于数量短语“一个”紧邻中心语“宋军校尉”，所以不承担指代功能。例(42)要凸显的是李逵砍杀的数量，所以句子将“七八个宋军将士”分裂移位，将中心语“宋军将士”前移作为话题，而将“七八个”这个数量短语作为自然焦点留在句末，“确指”前边的先行语“宋军将士”，说话人采用的是定中短语 NP 分裂前移的编码策略，选择构式 $NP_{(受)}$ ＋ $NP_{(施)}$ ＋ VP＋$QM_{(物量)}$。值得说明的是，句末的“七八个”的指代功能，是构式语块分布所导致的，中心语“宋军将士”前移是该构式凸显数量的需要，因为句末位置是话语的自然焦点，所以数量短语“七八个”必须单独充当宾语。其实，说话人的主观感受是很明显的，选择此类构式无非是想说明李逵砍杀的人多。最值得关注的是例(43)，该句要凸显的既不是李逵砍杀的对象，也不是李逵砍杀的数量，而是李逵砍杀的方式状态，所以选择了“V_1一个 V_2一个”这个构式充当谓语，表达了李逵不分青红皂白胡乱砍人的方式状态，显然带有说话人的主观评述。在(43)句中，两个“一个”同指，指代对象隐含在语境中，指当时当地李逵所见到的对方营垒中的任何人，但具体对象不确定，属于“任指”，因此无法补出来，准确地说根本无须补出来，这是“V_1一个 V_2一个”这个构式所决定的。因为该构式体现的构式义是“某种动作行为的频繁发生、连续不断”，至于对象是什么、数量有多少，这是无关紧要的。

上述例子说明，在特定的构式中，由于语块分布的规定性，数量短语在形式上与其所依附的实词类“分裂”，单独出现的数量短语充当了重要的“构件”，依据构式义的制约，产生程度不同、属性不同的指代功能(详见下文分析)。

2.2 数量短语指代功能的语用类型

本文研究的是现代汉语数量短语的指代功能，“指代”与“指称”是两个不同的概念，但两者之间有直接的关联。也就是说，话语中某些成分“指称”的是现实语境中存在的对象(实体或事件)，而数量短语的“指代”是通过语义链对指称对象的“回指”。正因为两者有直接的关联，所以我们在讨论“指代”的语用类型前，必须厘清“指称”的概念及其类型。

2.2.1 名词性成分与指称概念

名词性成分的指称概念(referent)指话语中名词性成分同现实语境中存在的事物(entity)之间的关系。按照陈平(1987)等学者的梳理，同现实话语中出现的名词性成分相关的指称性包括下列四组语义概念：

有指(referential)—— 无指(nonrefential)
定指(identifiable)—— 不定指(nonidentifiable)
实指(specific)—— 虚指(nonspecific)
通指(generic)—— 单指(individual)

2.2.1.1 有指与无指

如果名词性成分的所指对象是语境中的某个实体，该名词性成分为“有指”，否则，该成分为“无指”。例如：

(44) 去年八月，他在新雅餐厅当临时工时，结识了一位顾客。

除去句首的时间词，句中有四个名词性成分“他”、“新雅餐厅”、“临时工”和“一位顾客”，其中三个都是实有所指：“他”和“新雅餐厅”分别代表语境中说话人和听话人都知道的两个身份明确的实体。“一位顾客”在这儿也代表语境中的一个实体，虽然我们一时无法把这个实体同语境中某个具体的人联系起来，但这个人在语境中是存在的。“临时工”这个名词性成分则与其他三个成分不同，表示一种身份，不是一个实体，不能把这个名词同语境中某个具体的人等同起来。换句话说，说话人在提到“临时工”这个名词时，着眼点是该名词的抽象属性，而不是语境中具有这种属性的某个具体人物，“临时工’在例句(44)中是无指成分。

判断一个名词性成分是有指还是无指，有一个简捷的方法：有指成分可以加以回指(anaphoric reference)，而无指成分则无法回指。例如：

(45) 他们下星期要考研究生。

这是一个歧义句。“考研究生”既可理解为“对研究生进行考查”，也可理解为“研究生考试”。作第一种理解时，名词性成分“研究生”在语境中实有所指，可以后接回指成分，例如：

(46) 他们下星期要考研究生，这是第一次对他们进行考查。

上例中“他们”回指前一分句中的有指成分“研究生”。作第二种理解时，该名词性成分表示一种资格，并不代表语境中的任何实体。这样的无指成分自然无法加以回指。

2.2.1.2 定指与不定指

说话人使用某个名词性成分时，如果预料听话人能够将所指对象与语境中某个特定事物等同起来，能够把它与同一语境中可能存在的其他同类实体区分开来，该名词性成分为“定指”。相反，说话人在使用某个名词性成分时，如果预料听话人无法将所指对象与语境中其他同类成分区分开来，该名词性成分为“不定指”。例如：

(47) 那天，一辆草绿色的解放牌卡车悄无声息地滑至淮海别墅顾而已家门，车停稳后，只见跳下一群身着去掉了领章、帽徽的空军服装的人。他们一进屋，就把守好每扇门窗，拉好窗帘。

上述实例中有八个名词性成分。“一辆草绿色的解放牌卡车”和“一群身着去掉了领章、帽徽的空军服装的人”两个名词性成分的所指对象在上文中从来没有露过面，在这段话中第一次出现。读者无法根据任何语言信息或非语言信息把这“卡车”和“人”跟其他“草绿色的解放牌卡车”和“身着去掉了领章、帽徽的空军服装的人”区分开来，说话人是把它们作为对读者来说是陌生的事物引进话语的。因此，它们都是不定指成分。其他六个名词性成分的情况则有所不同。在上文中，作者提供了上述事件发生的时间与地点——1966 年的上海。在这个特定的语境中，“淮海别墅顾而已家门”的所指对象是独一无二的，读者要把它辨认出来应该不成问题。至于“车”和“屋”两个名词，虽然实际语境中可能出现不止一辆车和一幢屋子，但读者运用他的语言能力，可以明白无误地判断出句中这两个名词的所指对象，就是指前面提到的那辆解放牌卡车和淮海别墅顾而已家。同样，读者判断出“他们”指的是那群身着去掉领章、帽徽的空军服装的人，“门窗”指的是顾而已家里的门窗，“窗帘”指的是顾家窗子上挂的那些窗帘。这六个名词性成分都是定指成分。

需要强调的是，定指与不定指这对概念涉及到的核心问题，是说话人对于听话人是否有能力将名词性成分的实际所指对象从语境中的同类事物中辨别出来，这同说话人自己是否具有这种辨析能力并无直接关系。也就是说，“定指”与“不定指”的着眼点是听话人，与说话人无关。

2.2.1.3 实指与虚指

说话人使用某个名词性成分时，如果所指对象是某个在语境中实际存在的人或事物，该名词性成分为“实指”。反之，如果所指对象只是一个虚幻的概念，其实体在语境中可能存在，可能并不存在，该名词性成分为“虚指”。“定指”与“不定指”的基础，是说话人对于听话人能否把所指对象与语境中同类事物区分开来所作的判断，同说话人本人是否能够确认所指对象并无直接关系。而“实指”与“虚指”这一对概念的基础，却是说话人本人所持的意图，同听话人没有直接关系。例如：

(48) A：请您从我桌子上取一支笔来好吗？
B：您要什么笔？
A：我的那支灰杆儿钢笔。

(49) A：请您从我桌子上取一支笔来好吗？
B：您要什么笔？
A：随便什么笔都行。

“笔”在例(48)和(49)A 句中的形式相同，但语义不一样，根源在于说话人当时心里所持意图不同。说话人说(48)时，“笔”实有所指，他心中想到的是某个在语境中实际存在的具体事物。而在说(49)时，“笔”的所指对象则是任何一个属于“笔”类的个体，至于最后落实到哪个个体身上，说话人并无定见。因此例(48)A 句中的

“笔”是实指成分，例(49)A句中的“笔”是虚指成分。下面是一个歧义句，“北京姑娘”可以做实指或虚指两种理解：

(50) 小杨想娶一位北京姑娘。

这个句子可以理解为小杨已经有了意中人，此人是一位北京姑娘；也可以理解为小杨正在找对象，条件是女方得是北京人。再如下面句子中加着重号的是实指成分，加下划线的是虚指成分：

(51) 他知道自己一个亲生儿子已被造反派以“三反”为罪名活活打死……他也知道，海外还有一位知名人物心急如焚，万般焦虑，各方打听自己的消息。这位知名人物就是号称“世界船王”的包玉刚先生。

(52) 你冷静想想，如果突然换一个同志接替你的工作，他即使是善于经营广大华行，也不可能很快取得别人信任。

(53) 由西安来京出差的邵某欲买一台录像机，可奔波多日没买到合适的。

例(51)中“自己一个亲生儿子”、“一位知名人物”都是说话人心中确定的对象，是实指的；而例(52)中的“一位同志”、例(53)中的“一台录像机”都只是类指成分，说话人心中并不确定某个具体对象，则是虚指。

2.2.1.4 通指与单指

名词性成分的所指对象如果是整个一类事物(class)，我们称该名词性成分为“通指”成分。相反，所指对象如果是一类中的个体(individual)，我们则称之为“单指”成分。下面例句中，带着重号的名词性成分是通指成分。

(54) 麻雀虽小，但它颈上的骨头数目几乎比长颈鹿多一倍。

(55) 苍蝇、海星、蜗牛都是聋子。

通指成分在语义上有两个特点值得注意：一方面，它并不指称语境中任何以个体形式出现的人物，从这个角度看，它与无指成分有相同之处；另一方面，通指成分代表语境中一个确定的类，从这个角度看，它与定指成分有相同之处。因此，通指成分既有无指的属性，也有有指的属性。

2.2.1.5 概念关系与表现形式

综上所述，按照陈平(1987)的分析，与名词性成分的指称有关的四组概念呈现如下的关系：

通指→ 指(个体)/定指(类)

单指→有指 { 定指→实指；不定指 { 实指；虚指 } }

上述分类表明，一个指称性成分如果是定指的一定是实指的，而不定指却可能是实指的，也可能是虚指的。

但是，张伯江(1997)给出的分类有不同观点：

单指→有指
- 虚指→不定指
- 实指
  - 不定指
  - 定指

可以看出，两者不同之处在于对"实指 — 虚指"与"定指 — 不定指"的先后层次处理。其实这并不矛盾，实际上"实指 — 虚指"与"定指 — 不定指"在语用上分属不同层面。"定指"与"不定指"这一对概念的基础，是说话人对于听话人能否把所指对象与语境中同类事物区分开来所作的判断，是针对听话人而言的，同说话人没有直接关系；而"实指"与"虚指"这一对概念的基础，却是说话人对话语中所指称对象的确定性的一种把握，是针对说话人而言的，同听话人没有直接关系。相对而言，张伯江(1997)的处理更合理些。在言语交际中，对说话人来说"实指"还是"虚指"是第一位的，如果指称对象是"虚指"，那么对听话人来说一定是"不定指"的；对听话人来说是"定指"还是"不定指"是第二位的，是说话人对听话人能否把所指对象与语境中同类事物区分开来所作的判断，所以编码形式可能"定指"也可能"不定指"。本文赞同并采用张伯江的处理模式，并以此作为判定数量短语指代功能的依据。

2.2.2　周遍性语义与任指概念

所谓周遍性语义，即这个成分具有"遍指义"，所指对象包括某个"集合"(实体或事件)的所有成员。从学界的研究成果来看，现代汉语里包含周遍性语义成分的主要有以下两类构式。

2.2.2.1　表"每"的数量结构对应式

表"每"的数量结构对应式指句子中有对应的数量结构(数量短语或含有数量词的述宾短语)，前一部分数量结构都表示"每"的语法意义。李临定、范方莲(1960)专门列举并分析了现代汉语中此类数量结构对应式。例如[①]：

(56) 一个人栽两棵树。　　一亩地打八百斤稻子。
一盆水养三条金鱼。　　两个人抬一筐土。
三个人研究一个题目。　　一个小组推选两名代表。

(57) 三天学习一次。　　四小时服一次。
一星期下去五天。　　一天睡八个钟头。

① 笔者对用例及归类略有调整。

(58) 一组五个人。　　一行二十五个字。
三个人一排。　　一年一次。

(59) 做十天歇一天。　　走三天慢一分钟。
见一个人送一个纪念章。到一个地方拍两张照片。

(60) 见一样学一样，学一样巩固一样。
生一个活一个，活一个壮一个。

(61) 我说一个字，你们写一个字。
他进来一次护士就训一次。

上述例子中例(56)、例(57)都是“数量＋V＋数量”结构，其中例(56)都是物量词，例(57)都是时量词或动量词。例(58)是“数量＋数量”，其中没有核心动词，是典型的名词性谓语句。例(59)、例(60)都是“V＋数量/V＋数量”，其中例(59)两个数量词不同，例(60)两个数量词相同，两个V陈述的是同一个主语。例(61)与例(60)相仿，只是两个V分述两个主语，一般不能省略。从这些构式的话语功能来分析，例(56)—(58)一般用于分配或计算的语境条件，例(59)、例(60)一般是说话人的评述性话语，例(61)一般是对事实的陈述或对对方的祈使。其中的数量词或含有数量词的述宾短语(加着重号部分)在理解时都需要加上“每”，也就是说“每”的语法意义是这些特定构式导致的。如例(56)“一个人栽两棵树”指“每一个人栽两棵树”，例(57)“三天学习一次”指“每三天学习一次”，例(58)“一组五个人”指“每一组五个人”，例(59)“做十天歇一天”指“每做十天歇一天”，例(60)“见一样学一样”指“每见一样学一样”，例(61)“我说一个字”指“我每说一个字”。余例可以类推解读。

从指称的角度来看，由于这些构式中前一部分数量结构(数量短语或含有数量词的述宾短语)能表示“每”的语法意义，它们所指称的对象是某个“集合”(实体或事件)中的任何一个“个体”，属于“任指”性质。

2.2.2.2　周遍义主语及其相关构式

陆俭明(1986)专门列举并分析了现代汉语中此类周遍义主语及其相关构式。根据所运用的语法手段的不同，周遍义主语句可分为三小类①：

1. 主语由含有表示任指的疑问代词的名词性成分所充任的周遍义主语句。例如：

(62) 什么都好看。　　谁也不想去。

(63) 什么菜都很便宜。哪个单位的领导也不能特殊。

(64) 谁买的都便宜。　　哪一家的都不那么听话。

① 笔者对用例及次序略有调整。

上述例(62)是表示任指的疑问代词直接做主语，例(63)是表示任指的疑问代词修饰名词构成的偏正短语作主语，例(64)是含有表示任指的疑问代词构成的“的”字短语。此类周遍义主语句都有肯定与否定两种形式，谓语部分一般伴有“都、也”一类副词，语料显示肯定句里“都”占优势，否定句里“也”占优势。

2. 主语由含有量词重叠形式的名词性成分所充任的周遍义主语句。例如：

(65) 个个都容光焕发。　门门都不及格。

(66) 条条大路都通北京。顿顿晚饭都有鱼有肉。

上述例(65)主语本身就是量词重叠式，例(66)主语是一个“量词重叠式＋名词”的偏正结构。此类周遍义主语句肯定形式多于否定形式，不论肯定形式还是否定形式，谓语部分都只能用“都”，不用“也”。

3. 主语由数词为“一”的数量短语所修饰的名词性短语充任的周遍义主语句。例如：

(67) 一个也没去。　　一个代表也没来。

一件都不漂亮。　一盏灯都不亮。

(68) 这个字一个学生也不认得。

→没有一个学生认得这个字。

他的话一个孩子都不听。

→没有一个孩子听他的话。

上述周遍义主语句，谓语一般都是否定形式，伴有“都/也”一类副词，形成“一量(名)＋ 都/也＋不/没＋VP”构式。其中例(67)谓语动词都是不及物动词或形容词，主语“一量＋(名)”是施事论元。例(68)的两个句子中谓语动词都是及物动词，后面一般不带宾语，受事论元前移充当了话题，整个句子变换为主谓谓语句，小主语“一量＋(名)”是施事论元；此类构式也可以变换成“没有＋一量(名)＋ VP”。

从指称的角度来看，这三类构式的主语都含有周遍义。第 1 类是通过疑问代词的任指用法(非疑问用法)并处于主语位置来体现“任指”；第 2 类是通过量词重叠并处于主语位置，凸显“每一”的含义来体现“任指”。第 3 类最值得关注，“一量(名)＋ 都/也＋不/没＋VP”构式一般是否定形式，是通过否定最小量“一”来达到否定“全量”的语法意义，从而体现主语的“任指”。它们的共同特点是主语“任指”，所指称的对象是某个“集合”中的任何一个“个体”，属于“任指”性质。在上述三类周遍义主语句中，第 2、3 两类都涉及“数量”范畴，与本文的考察相关。

2.2.2.3　表“任指”的其他构式

根据本文考察，能表“任指”的构式并不限于上述两类现象，而表“任指”的成分也不限于句子的主语。比如“遍指性非差比义”构式：

(69) 这里出产的苹果品种特优，树上结满鲜红的苹果，一个比一个大。

(70) 七仙女都回来了，只见她们篮子里半青不熟的桃子，一个比一个小。

从逻辑语义上来分析，例(69)“苹果”这个集合中“一个比一个大”，相对来说应该是“一个比一个小”；例(70)“桃子”这个集合中“一个比一个小”，相对来说应该是“一个比一个大”。但事实上逻辑语义上的后一种推论是不存在的，句子表达的实际意义是单一的，例(69)指苹果“个个都大”，而例(70)指桃子“个个都小”，也就是说比较的结果不具有逻辑真值义。从语用上来分析，“一个比一个 A”的预设是“个个都 A”，A 的状态是语义上的“下限”，例(69)的预设确认苹果“大”(没有“小的”)，例(70)的预设确认桃子“小”(没有“大的”)。这种“个个都 A”的构式义是构式效应的体现。在此类构式中，“一量”具有指代功能，显然也是一种“任指”①。

又比如重叠式数量短语作状语的句子：

(71) 我在灯下坐着高板凳，一句一句热心地教她读书。

(72) 只要她一走到庙会上，年青的小伙子们就一群群地跟着看。

(73) 冷风卷着碎雪，在闪着亮光的空地上烟雾似地一阵一阵飘过，消失在墙角浓重的阴影里。

(74) 问题不解决，她就一次次地找有关部门申诉。

从象似性的角度来看，重叠形式往往表示“量增”。例(71)、例(73)中重叠式数量短语形式上是“一 A 一 A”，可以是物量词也可以是动量词，作状语表示“逐一”。例(72)、例(74)中重叠式数量短语形式上是“一 AA”，可以是物量词也可以是动量词，作状语表示“连续不断”。不论表示“逐一”还是“连续不断”，其谓语动词表示的动作行为不是一次性完成的，而是反复不断地进行的。在此类构式中，重叠的“一量”也具有指代功能。如例(71)“一句”指代“我教她读书时所说的话”这个集合(话语)中的任何一句，例(72)“一群”指代“年轻的小伙子们”这个集合(人群)中的任何一群，例(73)“一阵”指代“冷风卷着碎雪飘过”这个集合(现象)中的任何一阵，例(74)“一次”指代“找有关部门申诉”这个集合(事件)中的任何一次。这里“一量”所指代的对象是某个“集合”中的任何一个“个体”，显然也是一种“任指”。

2.2.3 数量短语指代的语用类型

上文我们借鉴学界的相关研究成果，阐释了名词性成分与指称概念、周遍性成分与任指概念，在此基础上我们必须对数量短语指代功能的语用类型加以分析。为了确认本文所探讨的数量短语指代功能的语用类型，我们需要厘清几个前提：

1. 本书讨论的是话语中数量短语的“指代”功能，而不是“指称”功能。就两者

① 参见吴为善《递进性差比义构式及其变异》一文，《语言教学与研究》2011 年第 2 期。

的关联来说,“指代”是通过语义链对话语中的某个指称成分或隐含在语境中的某个指称成分加以“回指”,属于篇章范畴,但“指代”功能的实现依赖于“指称”成分的存在和确认。因为数量短语与话语中的某个指称成分或隐含在语境中的某个指称成分,至少在意念上有限定关系。

2. 本书讨论的指代功能的对象是话语中独立充当某个句法成分的数量短语,数量短语虽然也属于体词类成分,但与名词性成分的属性有很大的不同。数词落实的是实体或事件的个体“量”,当数词是表真值义的“一”时,往往可以省略;但当数量短语独立承担指代功能时,“一”不能省略。量词落实的是实体或事件的个体“类”,在现代汉语中可以单独使用,也可以重叠使用,但都不能省略。也就是说,独立承担指代功能的数量短语一定是“数+量”的完整形式或重叠形式。

3. 本书讨论的话语中具有指代功能的数量短语,其中的量词不仅包括物量词(指代实体),还包括动量词(指代事件)和时量词(指代时段)。我们认为就“指代”的功能看,三类量词具有同一性。这种同一性,一方面是基于量词范畴基本的个体化功能,另一方面是基于我们对实体、事件的隐喻认知方式,实体可以转指事件,事件是固化了的实体。这是本文探讨的基本依据之一。

4. 本书讨论的话语中具有指代功能的数量短语,是一个句法上自足而语义上不自足的成分。句法上自足说明它们是一个自由形式,语义上不自足是因为数量短语指代功能的产生,是“数量+中心语”分裂的结果,数量短语应该有一个移位了的(或隐含了的)中心语成分,或者如形式语法学派所谓的“空语类”。正因为中心语成分移位(或隐含)充当了“先行语”,数量短语才可能派生出指代功能,通过语义链的传递回指“先行语”。

根据上面“前提”的说明,我们认为就数量短语的“指代”功能而言,涉及到以下几类范畴:

第一,就名词性成分(包括指称性事件、指称性时段)而言,指称性首先分为“有指”和“无指”,一个“有指”的成分才可能有数量限定,而一个“无指”的成分是不可能有数量限定的。这两者在语用层面的区别是“有指”成分可以通过句法形式“回指”,而“无指”成分不可能通过句法形式“回指”。本文探讨的数量短语的指代功能,语用层面上正是表现为一种“回指”,因此就本文的探讨对象而言,一个“数量+中心语”的组合,移位了(或隐含了)的中心语成分必须属于“有指”范畴,排除“无指”范畴。

第二,就名词性成分(包括指称性事件、指称性时段)而言,“有指”成分可以分为“定指”和“不定指”。“定指”和“不定指”是一对典型的语用概念,是说话人立足于听话人对话语信息的识别度而做的判断,并据此采取的话语编码策略,这一对概念是针对听话人而言的。本书探讨的数量短语的指代功能,是基于“数量+中心语”的原型组合中中心语成分的移位(或隐含),导致数量短语独立充当某个句法成分。一般来说，在现代汉语中数量短语是"不定指"的形式标记。但是，"数量＋中心语"的原型组合中中心语成分通常是一个普通光杆名词（包括指称性事件、指称性时段），是"不定指"成分；移位了（或隐含了）就有可能添加修饰语或指示语，变换为"定指"成分。因此，就本文的探讨对象而言，与"定指"和"不定指"范畴都有关系。

第三，就名词性成分（包括指称性事件、指称性时段）而言，"虚指"成分一定是"不定指"的，而"实指"成分可以分为"定指"和"不定指"两类。由于"实指"和"虚指"是说话人自己对话语中涉及到的指称对象是否确定的一种心理判断，这一对概念是针对说话人而言的。因此，就本文探讨的对象而言，一个"数量＋中心语"的组合，移位了（或隐含了）的中心语成分可以判定为"实指"范畴，不可能是"虚指"范畴。

第四，就名词性成分（包括指称性事件、指称性时段）而言，还涉及到"通指"和"单指"这一对概念。上文所讨论和界定的指称范畴都是"单指"的，无需赘述。"通指"是很有特点的一个指称范畴，要加以具体分析。"通指"无法指称一个现实语境中的确定对象，因而针对"个体"而言具有"无指"的属性；但"通指"又是一种"类指"，能指称现实语境中的某个"范畴类"，因而针对某个"范畴类"而言又具有"定指"的属性。就本文的探讨对象而言，"数量＋中心语"的组合中，中心语通常表现为一个通指类名，一旦这个通指类名移位了（或隐含了），数量短语就独立承担起指代功能。值得注意的是，当数词是"一"时，回指移位了（或隐含了）的通指类名，就会有两种可能。一种是"一量"指代通指类名这个集合中的任何一个成员，这属于"任指"；另一种是"一量"指代通指类名这个集合中的某一个确定的成员，这属于"确指"。例如：

(75) 领导干部一个都不来。

(76) 专业书他有一本没看过。

例(75)是"一量＋都/也＋不/没＋VP"构式，话题成分"领导干部"是个通指类名，句中"一个"回指前边的话题成分，构式通过对"一"这个最小量的否定实现了全量否定的表述功能，即任何领导干部都不来，因此这里的"一个"属于"任指"。例(76)中"专业书"也是个通指类名，句中的"一本"回指前边的话题成分，指代"专业书"中的某一本，而对说话人来说"某一本"通常是确定的，因此这里的"一本"属于"确指"。

综上所述，本文考察的数量短语指代功能，就指代的属性来看，取决于"数量＋中心语"组合中被移位了（或隐含了）的中心语成分的指称属性。具体概括如下：

第一，数量短语指代的对象一定是"有指"的，而且一定是"实指"的（对说话人而言）。

第二，数量短语指称的个体对象是“实指”的，指代可能“定指”，也可能“不定指”（对听话人而言）。

第三，数量短语对“通指”（即“类指”）成分的指代，可以分为“任指”和“确指”两类，这是本文需要集中判定的指代属性。

以上就是本文考察数量短语指代功能时，对于指代属性描写、解释的依据。

2.3 数量短语指代功能的语义类型

上文我们基于“数量＋中心语”结构中的中心语的指称属性，分析了数量短语指代功能的语用类型，确认了与数量短语指代相关的基本概念。根据本文的考察，数量短语指代功能的属性与两个因素有较大的关联：其一，数量短语中的数词是表真值义还是表非真值义；其二，数量短语是单用还是重叠或复现。这两个因素往往制约了数量短语的指代属于“定指”还是“不定指”、“实指”还是“虚指”、“任指”还是“确指”。因此，本文以此为依据，分别讨论表真值义数量短语的指代功能、非真值义数量短语的指代功能以及重叠式数量短语的指代功能。下面先将每章节所阐述的内容作简明的概括。

2.3.1 表真值义数量短语的指代功能

表真值义数量短语的指代功能主要涉及不同句法位置上的数量短语指代现象，包括数量短语处于主语、宾语、兼语以及述谓等基本句法位置上的表现。

1. 主语位置的数量指代集中探讨总分式复指构式及其数量主语，论证数量主语的多义性及同构性，解释数量主语指代功能的理据。

2. 宾语位置的数量指代集中探讨 NP 分裂前移话题化构式及其数量宾语，论证数量宾语的多义性及同构性，解释数量宾语指代功能的理据。

3. 兼语成分的数量指代集中探讨使令类兼语构式的类型，分析无定成分与数量兼语的属性，解释数量兼语指代功能的理据。

4. 述谓成分的数量指代集中探讨数量述谓的语用驱动，解释述谓性数量构式的理据，阐述述谓性数量短语指代功能的弱化。

2.3.2 非真值义数量短语的指代功能

非真值义数量短语的指代功能主要涉及以下五类典型构式：

1. “一量”复叠构式的数量指代，集中探讨“V_1一量＋V_2一量”构式，分析该构式中数量指代的特征。

2. “一量”对举构式的数量指代，集中探讨“A_1一量 A_2一量”构式，分析构式义及其语用功能，阐述“一量”属性及其指代功能，并讨论倒叙构式“一量 A_1一量 A_2”和扩展构式“一量 X_1一量 X_2”。

3. “一量”述谓构式的数量指代，集中探讨“NP＋一量”构式，分析构式特征及其功能，阐述“NP＋一量”的语义焦点及其成因，解释“一量”的指代缺失及其理据。

4. 递进性差比构式的数量指代，集中探讨“一量比一量＋VP”构式的典型性，描写“时量 → 动量”的时间序列、“动量 → 物量”的非时间序列，分析遍指性非差比义构式的变异，解释“一量比一量”中“一量”的指代功能特征。

5. 周遍性强调构式的数量指代，集中探讨周遍性主语的句法解读，分析了“一量＋都/也 ＋不/没＋VP”构式，解释数量短语的指代功能特征。

2.3.3　重叠式数量短语的指代功能

重叠式数量短语的指代功能主要分析数量短语重叠或复现的形式类型，并在此基础上集中讨论三个问题：重叠式数量短语的句法分布，重叠式数量短语的语义整合，重叠式数量短语的指代功能。

1. 重叠式数量短语的句法分布将分别阐述主位重叠的指代功能、述位重叠的指代功能、宾位重叠的指代功能、状位重叠的指代功能、补位重叠的指代功能。

2. 重叠式数量短语的语义整合主要集中探讨重叠形态的语义差异，分析动态与静态的范畴义理据，并从心智扫描的角度进行解释。

3. 重叠式数量短语的指代功能主要阐述象似动因与量增效应，并讨论指代功能与句法变异的关联。

2.4　本 章 小 结

数词的基本功能是表实体、事件、时段的“量”，量词的基本功能是将类指成分“个体化”，数量短语的指代功能是“数量＋中心语”结构分裂，导致数量短语单独承担句法成分的结果。数量短语在独立充当句法成分时会产生篇章“回指”的指代功能，取决于内因和外因双向互动的结果。“内因”是指数量短语本身潜在的语义因子，“外因”是指构式框架“强制附义”效应。数量短语本身就蕴含了一定的指代功能，尤其是量词本身的“个体化”功能及残留的语义因子，成为数量短语指代功能产生的“内因”。“内因”是潜在的，而激活内因的外部条件是构式赋义的强制效应。“构式赋义”的核心是“强制”(coercion)，是构式语法的基本理念。

本章考察的数量短语指代功能，就指代的属性来看，取决于“数量＋中心语”的组合中被移位(或隐含)的中心语成分的指称属性。具体概括如下：第一，数量指代的对象一定是“有指”的，包括“实指”和“虚指”两类(对说话人而言)。第二，如果指称的个体对象是“虚指”的，指代一定是“不定指”；如果指称的个体对象是“实指”

的，指代可能是“定指”，也可能是“不定指”（对听话人而言）。第三，数量短语对“通指”（即“类指”）成分的指代，可以分为“任指”和“确指”两类；“任指”是一种“虚指”，而“确指”是一种“实指”。

根据本文的考察，数量短语指代功能的属性与两个因素有较大的关联性：其一，数词是表真值义还是表非真值义；其二，数量是单用还是重叠或复现。这两个因素往往制约了数量短语的指代属于“定指”还是“不定指”、“实指”还是“虚指”、“任指”还是“某指”。因此，本文以此为依据，分别讨论表真值义数量短语的指代功能、非真值义数量短语的指代功能以及重叠式数量短语的指代功能。

第三章　表真值义数量短语的指代功能

上文(2.1.1.2)我们曾讨论过数词表数有真值义与非真值义之别，两者的差别主要体现为语义上的差异，而语义的差别又是句法变异导致的结果，即特定的句法分布位置所致。表示逻辑量的数词形式通常属于真值义数词，凡真值义数词均可用其他真值义数词进行自由地替换，不影响句子的句法功能。不表示逻辑量的数词，即按照数词逻辑义理解不符合句子语义的形式属于非真值义数词，主要是"一"，不能用其他数词替换。

本章将集中讨论表真值义数量短语的指代功能，主要涉及不同句法位置上的数量短语指代现象，包括主语位置的数量指代、宾语位置的数量指代、兼语位置的数量指代以及述谓成分的数量指代。下面分别加以讨论。

3.1　主语位置的数量指代

主语位置的数量短语是个不自由形式，一个数量短语要能独立处于主语位置，必须要有句子格局的支撑，具体地说句首要有话题成分作为主语位置数量短语的"先行语"。例如：

(1) 全班学生，十三个不及格，老师也懵了。

(2) 老李有三个孩子，两个考上了大学，在村里很神气。

(3) 他上个月出差三趟，两趟是北京。

(4) 这户业主很难找，我上门探视，三次都扑了空。

(5) 他觉得这种报告是官样文章，三天就写好了。

(6) 这个工程并不复杂，但因资金不到位，一年都没完成。

上述例(1)、例(2)是表物量的数量短语，"十三个"和"两个"分别指代话题成分"全班学生"和"三个孩子"中的部分成员。例(3)、例(4)都是表动量的数量短语，"两趟"和"三次"分别指代"出差"和"上门探视"这些类事件中的部分成员。例(5)、例(6)都是表时量的数量短语，"三天"和"一年"分别指代"写报告"和"建工程"这些类事件所经历的时段。这些用例都比较常见，无需赘述，主语位置数量指代的典型构式是"总分式复指"表达式。

3.1.1　总分式复指构式及其数量主语

作为主语位置的数量指代，典型构式就是不少语法著作都会提到的一类现象，即“句子的特殊成分”。比如张斌主编《新编现代汉语》(2002)指出：句子的特殊成分，主要指提示成分和独立成分。提示成分和独立成分都附着于句子，不能离句而独立，但又不是句子所由组成的直接成分，所以把这两种成分称之为句子的特殊成分。其中“提示成分”的一种类型是“总分式复指”表达式，即在句首的提示成分是一个总说部分，句中同它相应的是分说部分，分说部分作为分句的主语。例如：

(7) 全班同学，有的在看书，有的在做作业，有的在听录音。

(8) 祁宏和范志毅，一个踢前卫，一个踢后卫。

(9) 父子二人，曹操是文学家和政治家，曹植只是一个文学家。

与本文讨论有关的是例(8)、例(9)。例(8)有提示成分“祁宏和范志毅”作为话题先行语，通过语序暗示，后边两个分句的主语“一个”指代的对象就很明确；例(9)的主语是专有名词，其实是一种变式，如加以变换，就与例(8)完全一样。例如：

(9′) 曹操曹植父子，一个是文学家和政治家，一个只是文学家。

由此可见，主语位置上的数量短语单独承担指代功能，有一定的条件，“总分式复指”表达式就是一个典型的构式。

值得指出的是，一般语法著作都说明，“提示成分”不能是主谓短语。例如：

(10) 他的两个弟弟，一个是教师，一个是医生。

(11) 他有两个弟弟，一个是教师，一个是医生。

例(10)中“他的两个弟弟”是一个偏正短语(非主谓结构)，是提示成分；例(11)中“他有两个弟弟”是主谓短语，不算提示成分。理由是主谓短语结构完整，位于句首，就“升级”成为复句中的一个分句。我们认为这是似是而非的。第一，从语义上来看，“他的两个弟弟”是基于事实的领属结构，这种表述蕴含了“他有两个弟弟”，语义上是相通的；第二，从句法上来看，我们从来没有说过只有主谓结构才能构成句子，一般的句型归纳中都有所谓的“非主谓句”(非主谓短语构成的句子)，所以无法排除“他的两个弟弟”构成分句的理据。因此我们认为例(10)、例(11)完全同构，没有实质性区别。

3.1.2 数量主语的多义性及同构性

一般语法提著作所例举的“总分式复指”表达式中，作为分说部分的分句主语都是表物量的数量短语(见上文所举实例)，其实语料显示，表动量或表时量的数量短语同样可以充当分说部分的分句主语。例如：

(12) 今年先后出去旅游了两次，一次是国内的西双版纳，一次是欧洲的德国及周边国家。

(13) 他家老三总在外面调皮捣蛋，上个星期别家孩子的父母两回找上门来“控诉”，一回是把人家孩子的脑袋打破了，一回是抢了人家孩子的冰糖葫芦。

(14) 今年春节放假七天，三天值班，四天在家休息。

(15) 我在北大荒整整待了十五年，六年在农场干活，四年在哈尔滨读大学，五年在铁路局工作。

上述例(12)、例(13)分说部分的分句主语都是表动量的数量短语。其中例(11)两个“一次”，分别指代“外出旅游”这个事件，两个分句分别陈述了这两个类事件；例(13)两个“一回”，分别指代“别家孩子父母上门控诉”这个事件，两个分句分别陈述了这两个类事件。例(14)、例(15)分说部分的分句主语都是表时量的数量短语。其中例(14)“三天”和“四天”分别指代春节七天长假中的部分时段，两个分句分别陈述了主体在这两个时段的行为；例(15)“六年”、“四年”、“五年”分别指代在北大荒十五年中的部分时段，三个分句分别陈述了主体在这三个时段的经历。

由此可见，“总分式复指”构式中分说部分的分句主语可以是表物量的数量短语，也可以是表动量或表时量的数量短语，不过在语义上是有区别的。表物量的数量短语指代的是“实体”(如例(8)—例(10))，表动量的数量短语指代的是“事件”(如例(12)、例(13))，表时量的数量短语指代的是“时段”(如例(14)、例(15))。但总体而言，构式的构件组配和话语功能都具有同一性，可码化为：

T(话题)，S_1(数量＋VP)，S_2(数量＋VP)，……
总述：　分述 1，　分述 2，　……

选择此类表达式的目的也是很明显的，说话人要凸显总述部分(实体或事件类的“集合”)中某个或某些“成员”(数量指代)的属性、过程或时段。从语用驱动来分析，把不同个性而又同类的实体或事件先用总述部分“甩”到语篇开头，通过数量短语指代分述并凸显同类实体或事件的不同个性，有助于表述的条理性和简洁性，这是信息流的编码处理技巧。试比较：

(16) 一个大学毕业后前来应聘而被录用的大学生当总经理秘书，另一个大学毕业后前来应聘而被录用的大学生安排在技术开发部门。

(16’) 两个大学毕业后前来应聘而被录用的大学生，一个当总经理秘书，一个安排在技术开发部门。

例(16’)选择“总分式复指”构式表述，比例(16)更简洁、明了。

3.1.3 数量主语指代功能的理据

3.1.3.1 数量主语的派生功能

通过上文的分析，我们可以看到“总分式复指”构式产生的语用动因，即说话人要凸显总述部分(实体或事件类的"集合")中某个或某些成员的属性、过程或时段,把不同个性而又同类的实体或事件先用总述部分"甩"到语篇开头充当话题,通过数量短语指代分述并凸显同类实体或事件的不同个性。此类构式的分述部分一定是两个或两个以上的并列式分句,通过"总分式"句法变换迫使"数量+中心语"分裂,使得"中心语"出现在句首,"数量"单独充当 S_1、S_2……等分句的主语,从而实现了对总述部分"中心语"的指代。从篇章衔接来看,这是特定构式所制约的语义链"回指"关系,也是分述部分充当分句主语的数量短语能"回指"总述部分指称对象在句法语义上的理据。

陆俭明(1991)在讨论汉语句法里的事物化指代现象时,就专门提到了主语位置上数量词的指代现象,列举的就是此类构式。按照他的解释,数量短语在一定的句法语义条件下也能用来直接"转指"人或事物。例如:

(17) 他大弟弟和小妹妹都在新华印刷厂工作,一个是会计,一个是电话接线员。

(18) 楼上那家男的叫王永林,女的叫宋芳,一个是司机,一个是护士。

陆俭明认为,例(17)、例(18)里的"一个"表数量的作用已经非常弱了,这里无需表明人的数量,这里的"一个"纯粹起指代作用。在例(17)里,前面的"一个"指代"他大弟弟",后面的"一个"指代"他小妹妹";在例(18)里,前面的"一个"指代王永林,后面的"一个"指代宋芳。例(17)、例(18)若改为例(17')、例(18'),意义完全一样:

(17')他大弟弟和小妹妹都在新华印刷厂工作,大弟弟是会计,小妹妹是电话接线员。

(18')楼上那家男的叫王永林,女的叫宋芳,王永林是司机,宋芳是护士。

笔者认为陆俭明的解释是有道理的,作为分述部分并列分句的主语,完全可以再次重复总说部分提到的对象,但同样也可以用数量短语来"回指"。可见数量短语的基本功能是表数量,但在一定条件下可以派生出指代功能,这是符合语言事实的。

需要说明的是,就"总分式复指"构式来看,分述部分分句主语位置上的数量短语,其中的数词是表真值义的,虽然常见的是"一",但也可以用其他数词来替换,如例(14)、例(15)。不过无论用"一"还是用其他数词,总是指代前边总述部分先行出现的对象,即数量短语意念上的"中心语"。

3.1.3.2 数量主语的指代属性

"总分式复指"构式中,总说部分是话题。既然是话题,那么对听话人来说通常是"定指"的,对说话人来说通常是"实指"的;但同时总说部分通常不是"个体",而是一个"集合",这个"先行语"有待于后边分说部分分别加以陈述。因此分说部分的数量主语的指代属性就有两种情况。

一种情况是总述部分这个"集合"的成员是有序的,那么可以依据语序确认分述部分分句主语的指代对象,这时数量短语的指代属于"确指"。如例(17)总述部分指明"大弟弟和小妹妹",例(18)总述部分指明"王永林、宋芳",那么这两个句子后边分述部分分句主语的"一个"指代对象很明确。有时总述部分的对象并不确定,但有显示序列的特征,可以依据语序确认分述部分分句主语的指代对象,这时数量短语的指代还是属于"确指"。如上述例(12)、例(15):

(12') 今年先后出去旅游了两次,一次是国内的西双版纳,一次是欧洲的德国及周边国家。

(15') 我在北大荒连头带尾整整待了十五年,六年在农场干活,四年在哈尔滨读大学,五年在铁路局工作。

例(12')总述部分中有副词"先后",于是后边分述部分两个分句主语"一次"所指代的事件是确定的。例(15')总述部分中有状语"连头带尾",使得"十五年"具有了顺序义,那么后边三个分述部分分句主语"六年"、"四年"、"五年"所指代的时段也是确定的。

另一种情况是总述部分的对象只指明某个范畴类的"集合",没有表示顺序,那么分述部分分句主语指代的只是这个"集合"中的某个或某些成员,这时数量短语的指代属于"任指"。例如:

(19) 这两个人很有背景,一个父亲是局长,一个母亲是公司老板。

(20) 这个科一共就三个人,一个是科长,两个是副科长,没有科员。

(21) 我总共去过三次北京,两次是开会,一次是旅游。

(22) 国庆长假,一天值班,两天旅游,四天在家休息。

例(19)中总述部分"这两个人"指明了实体范畴类,但并没有任何信息暗示,因此分述部分两个分句主语"一个"就无法与某个确定对象挂上钩,指代的只是两人中的任何一个;例(20)中总说部分"三个人"指明了实体范畴类,但也没有任何信息暗示,因此分述部分分句主语"一个"和"两个"无法与某个确定对象挂上钩,指代的只是三个人中的任何一个或两个。例(21)中总说部分"三次北京"指明了事件范畴类,但没有任何信息暗示,因此分述部分分句主语"两次"和"一次"无法与某个确定对象挂上钩,指代的只是"三次"中的任何一次或两次。例(22)中总说部分"国庆长假"蕴含了"七天"这个时段,指明了时间范畴类,但也没有任何信息暗示,因此分述部分分句主语"一天"、"两天"和"四天"无法与某个确定对象挂上钩,指代的只是"七天"中的任何一个时间段。

3.2 宾语位置的数量指代

数量短语处在宾语位置,同样会派生出指代功能。陆俭明(1991)在讨论汉语句法里的事物化指代现象时，专门提到了宾语位置上的数量词指代现象，并指出数量词处于宾语位置上转指事物，一般前面要带上定语。例如：

(1) 我不要那些苹果，我要筐里的三个。

(2) 给他吃大的一碗。

(3) 他就准备这三件，其他衣服都不带。

(4) 这几本书您收起来吧，我就借那两本。

上述例子的宾语都不是单一的数量短语，前边都有限定成分，如例(1)中的“筐里的”，例(2)中的“大的”，例(3)、例(4)中分别有指示代词“这”或“那”。究其原因应该不难解释，通常宾语位置的成分是话语的焦点，具有“选择性”，需要凸显“分类性”，而数量本身却是“不定指”成分，只能指代语境中的某个实体范畴。所以前加限定成分，尤其是指示代词，作用能使单一的数量短语“定指化”，从而“确指”语境中的某个实体范畴(同时也就是“实指”)。不过最能体现宾语位置数量指代的是“NP 分裂前移”构式，即充当宾语的 NP 偏正短语分裂，其中一部分(名词)前移话题化。

3.2.1 NP 分裂前移与数量宾语

3.2.1.1 宾语前移的句法操作

在现代汉语句法中，位于核心动词后的宾语(“受事”论元)前移到句首充当话题，是一个很常见的现象，作为语用驱动，这种现象属于“话题化”的句法操作。但语料显示，此类句首 NP 的移位又有一些不同的情况，沈阳(2001)对此作了较为详尽的分析。他认为当结构中出现论元性句首 NP 时，原来动词后论元 NP 位置上可能存在的成分至少有两种情况。比较下面的实例：

(5) a. 我刚浇过花。→花$_i$我刚浇过(t_i)。

b. 你快吃了药。→ 药$_i$你快吃了(t_i)。

(6) a. 我刚浇了花。→ 花我刚浇了水。

b. 你快吃了药。→ 药$_i$你快吃了它$_i$。

上述例(5)中动词后原论元位置不再有任何成分，或者说留在原位的是一个“语迹”(trace)。这样句首 NP(花/药)本身就是论元 NP，或者说句首 NP 与语迹实际上是同一成分，即“同指”(co-reference)，动词支配论元位置上的语迹，也就传递性地支配句首 NP。例(6)看起来跟例(5)不同，因为动词后原来的论元位置还另有别的词语。但实际上两者差不太多，因为至少可以肯定例(6)中的句首 NP 也是从动词后论元位置前移来的。只不过又有两种情况：a 句是动词后表“客体”的论元 NP(花)前移，但该类“二元多系动词(浇)”可能支配的另一论元(更准确地说是动词的另一“系”后项论元)即表“材料”的论元 NP(水)，占据了动词后论元位置。材料论元 NP 与前移的客体论元 NP 当然都是受动词支配的论元 NP(浇花/浇水),只不过两者是作为不等值的两个成分(即“不同指”)而分别受动词支配的。这样句首的客体论元 NP 就可看作在移位后仍留有一个语迹,只是被另一个论元 NP“覆盖”了,而且也是通过语迹受动词传递支配。而 b 句是动词后表“客体”的论元 NP(药)前移,但语迹位置用代词(它)复指。这样句首 NP 当然是论元 NP,也可以说句首 NP 与复指代词实际也是等值的同一成分(即“同指”),动词支配论元位置上的复指代词,也就传递性支配句首 NP。因此尽管例(5)和例(6)有种种区别,但有一点还是一致的:因为留在动词后原位置的成分,要么与句首 NP 完全不同(如例(6a)中的另系论元 NP),要么与句首 NP 完全相同(如例(5)中的语迹或例(6b)中的复指代词),所以其中的句首 NP 不但是动词后论元 NP 移位来的,而且一定是动词后论元 NP 的“整体移位”,因此都是典型的“论元性句首 NP”。

3.2.1.2 分裂前移的语义解读

上述讨论的现象有一个特点,即从核心动词后移位到句首充当话题的论元成分都是光杆名词,一旦发生移位就是“整体移位”。但如果核心动词后的成分是一个 NP(定中短语),而发生移位的又是其中的一部分(中心语),而剩下的部分(定语)还留在原来位置,那情况就不一样了。沈阳(2001)把这种现象称为“分裂移位”,结果是构成“非直接论元句首成分的话题结构”。其中与本研究相关的典型实例是,宾语受事论元定中短语 NP 的定语是数量短语(或指量短语),而发生移位的是中心语,而数量短语(或指量短语)留在原来位置。例如:

(7) 我刚浇了这盆花。→ 花我刚浇了这盆。
(8) 你才吃了一片药。→ 药你才吃了一片。

上述实例发生“分裂移位”后,句首 N 原来是动词后论元 NP 的一部分,特别是作为论元 NP 的中心语(花/药),所以移位后仍然可能受动词支配,至少看起来仍具有论元的性质;但也正因为句首 N 只是原来论元 NP 的一部分,移位后分别在动词两边出现的同角色但不同指的词语就不可能同时都受动词支配。合理的语义解释是留在原位的成分(这盆/一片)直接受动词支配,而句首 N(花/药)就不再直接受动词支配(成为非直接论元的话题成分)。因为“花/这盆”、“药/一片”虽然语义角色相同,但所指范围不同,“花 / 药”属于通指类名(概括了这个集合中的全体成员),而“这盆/一片”分别只是“花/药”这个集合的一分子。所以动词后的词语不是相当于语迹(如例(5))或复指代词(如例(6b))的那种成分,不能传递性地使句首 NP 获得动词的直接支配。也就是说,留在原位的成分“这盆”和“一片”虽然只是数量(或指量)短语,但是由于同中心语的分离,却获得了指代功能,成为核心动词直接支配的论元。

上述例(8)属于本文考察的对象,NP 分裂前移导致的非直接论元句首成分的话题结构，产生了特定的构式。由于句式变换，原来充当宾语的定中短语“一片药”分裂，其中中心语“药”前移充当了话题，作为定语的数量短语“一片”单独留在句末充当了尾焦点。此类构式的语用驱动是明显的，即说话人为了凸显数量而采取的编码策略，基于此类构式的语块分布，句末“一片”通过语义链的传递指代句首的“药”，也就顺理成章了。形式语法对此类构式的分析能让我们直观地看到其中的机理：

(8’) 你才吃了一片药。→ 药$_i$你才吃了一片(t_i)。

显而易见，“药”与“一片”同指，是数量短语“一片”回指原中心语“药”在句法语义上的理据。

3.2.1.3 句式同构的拓展分析

上述现象并不限于“物量＋名词”的结构，通过类推可扩展到各类数量短语，是现代汉语中一种比较常见的凸显计量的构式，其中数量成分包括物量、动量和时量。例如：

(9) 攻占了三座城堡。

(10) 攻破了三次城堡。

(11) 攻打了三天城堡。

上述实例中的宾语都是定中短语，其中例(9)是物量词＋中心语，例(10)是动量词＋中心语，例(11)是时量词＋中心语。例(9)是常见的构式，而针对例(10)，张伯江、方梅(1996)指出此类格式可以有两种不同的语序，概括为 VNM(如“攻破了城堡三次”)和 VMN(如“攻破了三次城堡”)，并在考察了这两种语序的发展状况后指出，与二三十年代相比，VMN 的使用频率提高了，组合能力增强了，适用面更广了，正处于进一步的发展过程中。此外，据笔者考察，受到例(9)、例(10)的类化作用，例(11)的使用也日益扩展。

上述构式都可以根据表达需要，进行 NP 分裂前移话题化的句法操作，导致非直接论元句首成分的话题结构，即动词后充当宾语的定中短语(数量＋宾语)分裂，中心语前移为话题，数量短语单独留在句末充当尾焦点，变换为如下的凸显数量的构式：

(9’) 城堡攻占了三座。

(10’) 城堡攻破了三次。

(11’) 城堡攻打了三天。

上述例句形式可概括为“$NP_{(受)}$ ＋ $VP_{(t)}$ ＋ $QM_{(数量)}$”。其中的 NP 为话题主语，论元角色为受事；施事成分在语境中出现或隐含，成为背景信息。V 为及物性的动作动词，往往带有补语成分强调行为动作的结果(如例(9’)的“占”和例(10’)的

“破”),一般带有体标记“了”,因而整个表述含有一个内在的自然终止点,表述的是已然事件。最值得注意的是句末的 QM,成为表述的焦点,凸显了计量状态,包括物量(例(9'))、动量(例(10'))和时量(例(11'))。

该类构式进行了语用变换的句法操作,因而很有特点,构式理据也很充分,产生了特有的构式义及话语功能。对于该类构式,学界早有所关注,但分析和结论颇有分歧。笔者认为,从构式语法理论来看,上述三类句式虽然在语义上有差异,但具有同构性。

3.2.2 数量宾语的多义性及同构性

上文所列举的三个例句(9)、(10)和(11),对于时间因素的处理是不同的,因而具有多义性;但从构式的角度来看,又具有内在的同一性,吴为善(2012)对此有详尽的描写和分析。下面笔者从数量短语指代功能的角度,对此类构式加以重新审视和考察,并分而述之。

A 式:$NP_{(受)}+VP_{(t)}+QM$(物量)

(12) 他把那些七七八八的东西一股脑儿塞进书包,回家才发现坏事了,新书竟然弄坏了两本。

(13) 屋顶突然掉下一块水泥板,桌腿压断了三条。

(14) 一阵激烈的枪声,鬼子又打倒三个,剩下的跳下路沟跑了。

(15) 一位附近的农民倒车时不小心撞到了我的汽车,车门撞瘪一块。

上述例句中的 M 为物量,QM 是对某类实体的计量。如例(12)中“新书”通指一类实体,量词“本”落实了“新书”这个实体集合中的某个成员,成为可计量的个体,“两本”表述了量化状态。由于逻辑宾语“新书”前移话题化,句尾的“两本”成为“弄坏”支配的直接论元,具有了指代功能,指代前移的“新书”。但就“两本”计量本身来说,与时间因素无关。余例可类推解读。

B 式:$NP_{(受)}+VP_{(t)}+QM$(动量)

(16) 这座楼烧毁了三次,现在的岳阳楼早已不是滕子京重修的了。

(17) 风沙经常来袭击工棚,棚顶的铁皮掀掉百次,大风起时,铁皮和木板在空中乱飞。

(18) 村里头没有游乐场,娃子们就扔石头砸瓶子玩,瓶子砸翻一次,娃子们就喊:“中了! 中了!”

(19) 电影连放了三场,村民们越看越来劲,放映员可吃不消了。

上述例句中的 M 为动量,传统分析多数认为 QM 是说明行为动作的数量。笔者赞同刘辉(2009)的观点,认为该构式中的 QM 是对事件类别的计量(详见 2.1.2)。如例(16) 中“(某人)烧毁了这座楼”指一事件类,量词“次”落实了这个事件类集合中的某个成员,成为可计量的个体,“三次”表述了量化状态。由于逻辑宾语“这座楼”前移话题化,句尾的“三次”成为“烧毁”支配的直接论元,具有了指代功能,指代前移的“(某人)烧毁了这座楼”这一事件类。值得注意的是该构式表述的也是一个已然事件“(某人)烧毁了这座楼”,“烧毁”中的结果补语“毁”体现了内在的自然终结点,“三次”是以整个事件过程的延续时间段作为计量单位,计量本身与蕴涵的时间因素相关。因此B式(事件计量)与A式(实体计量)在语义上是不同的,A式只包含一个事件,在时间轴上只有一个时间段;而B式可能包含多个事件,在时间轴上可能有好几个时间段,如例(16)就包含了三个时间段。余例可类推解读。

C式:$NP_{(受)}+VP_{(t)}+QM$(时量)

(20) 县城连续攻打了三天,保安队撑不住了,只好弃城逃跑搬救兵去了。

(21) 地铁一直修建了七八年,总算如期完成了工程。

(22) 电影看了15天,评委们也累了,组办方安排他们去度假村休闲。

(23) 大家特悲痛,管放哀乐的人走了神,哀乐播放了整整10分钟。

上述例句中的M为时量,QM是对某个事件持续时间的计量。如例(20)中“(某人)攻打县城”指一事件类,时量词“天”是人为制定的时间计量单位,落实了这个事件过程延续时间包含的某一计量单位(天)集合中的某个成员,“三天”表述了量化状态。由于逻辑宾语“县城”前移话题化,句尾的“三天”成为“攻打”支配的直接论元,具有了指代功能,指代“(某人)攻打县城”这一事件类。值得注意的是该构式表述的虽然也是一个已然事件“(某人)攻打县城”,但是事件过程延续的时间本身成为计量对象,因此时间因素是显性的,这是C式(时段计量)与B式(事件计量)、A式(实体计量)在语义上的差异。余例可类推解读。

综上所述,实体计量(A式)、事件计量(B式)、时段计量(C式)在语义上的差异表现在对时间因素的处理,可概括如下:

构式类型:实体计量(A式)→事件计量(B式)→时段计量(C式)

时间因素:无关时间特征→蕴涵时间特征→凸显时间特征

从认知机制来看,物量词实现个体化以三维空间的实体为对象,属于空间范畴;时量词实现个体化以事件延续的时间为对象,属于时间范畴;而动量词实现个体化以事件本身为对象,任何事件在特定空间展开的过程必然涉及特定时间的延续,因而介于两者之间。于是我们可以将上述模式进一步概括为:

构式类:　A式　→　B式　→　C式

认知域:空间域……………………………………→时间域

由此我们可以窥见它们内在具有共同的构式理据,不同类型的量词实现了同样功能，即将实体、事件、时间“个体化”以成为计量单位，并以数词完成对量化状态的描述。从中我们可以清楚地看到通过隐喻机制形成的构式承继链接(inheritance links)。事实上，这三种构式给我们一种属于“一套”的感觉，就好比发行的一套数枚邮票，尽管图形不同，但主题表现、构图设计、色彩运用、表意链接等透出某种同一性，总体上的“大同小异”让人们感知到它们属于同一“家族”。就相关语言构式的句法实现来看，是一种“类推效应”。Blevins James & Juliette Blevins(2009)指出，人的大脑是一个根深蒂固的模式搜索者。一旦它发现一个模式，就会把它进行归类且与其他模式建立联系，并用来预测更深层的模式和关系。类比思维揭示了人们感知到的不同元素之间的相似性，这些相似性也许相当抽象，涉及到事物之间的功能关系和因果关系。越来越多的来自认知心理学的研究证据表明，类比思维能力代表着人类认知的核心。笔者认为，上述构式实体计量(A式)、事件计量(B式)、时段计量(C式)之间的句法同构正是这种“类推效应”的结果。

3.2.3 数量宾语指代功能的理据

综上所述，由于充当宾语的定中短语(数量＋中心语)分裂，中心语前移话题化，数量短语与中心语分离，留在句末充当宾语，在构式(句法位置)的制约下，转化为核心动词的直接论元。由于此类句法操作规定了语义链上数量短语与中心语具有同指性，于是量词个体化功能的潜在语义因子被激活，数量短语就产生了回指句首成分(原中心语)的指代功能(详见3.2.1.2)。

需要进一步分析的是，这种指代功能虽然具有同一性，但语义上是有区别的。数词与物量词的组合指代的是“实体”，如例(9’)“城堡攻占了三座”中“三座”指代的是“城堡”这个实体。数词与动量词的组合指代的是“事件”，如例(10’)“城堡攻破了三次”中“三次”指代“攻打城堡”这个类事件，以“攻打城堡”的时间段为依据，凸显的是概念化的“事件”。数词与时量词的组合指代的是时间单元，如例(11’)“城堡攻打了三天”中“三天”指代“攻打城堡”延续的时间段，时间单位本是人为划定的单元，正因为有了这样的时段划分，“三天”就有了具体的指代对象。

就原型构式的指代属性来看，充当宾语的定中短语(数量＋中心语)属于“不定指”。这不但因为“三座”、“三次”、“三天”充当了宾语的定语，本身具有不定指的属性；还因为“城堡”是个通指类名，虽然有指却不定指。所以，就句子原型构式的句法语义而言，“三座城堡”、“三次城堡”、“三天城堡”都是不定指的。但值得注意的是，对于充当宾语的定中短语(数量＋中心语)分裂前移话题化的变换构式来说，“三座”、“三次”、“三天”都是“定指”的，这是因为通指类名“城堡”前移处于句首话题位置，获得了“定指”的属性。“三座”通过语义链传递指代句首话题成分的“城堡”这个实体，“三次”通过概念化手段指代句子陈述的“攻打城堡”这类事件，“三天”直接指代句子陈述的“攻打城堡”这类事件所延续的时间单元。“三座”、“三次”、“三天”具有“定指”的属性，也就决定它们不但是“实指”的，而且是“确指”的，这是说话人对话语涉及的指称对象的确定性判断所制约的。

3.3 兼语位置的数量指代

现代汉语的兼语句是一种典型构式，属于致使范畴。兼语构式是一个述宾短语和一个主谓短语整合而成的，其中述宾短语的宾语兼做主谓短语的主语，这样的结构叫做兼语短语，由兼语短语充当谓语的句子就是兼语构式。典型的兼语构式是“使令句”，其兼语结构的套叠关系是：

V_1＋N(宾语)

N(主语)＋V_2

→V_1＋N(兼语)＋V_2

3.3.1 使令兼语构式的类型

就构式原型性而言，“使令类”是典型的兼语构式。根据范晓(1998)、宛新政(2005)等学者的考察，现代汉语兼语构式依据V_1的语义特征，可以分为如下六类：

1.“催逼”类

主要动词包括“迫使”、“促使”、“唆使”、“驱使”、“指使”、“支使”、“逼迫”、“强迫”、“胁迫”等，此外还包括“催”、“逼”、“推”、“要”、“拉”、“揪”等。例如：

(1) 她逼着小福子还上欠着她的钱。

(2) 一行人催洋车夫赶路。

2.“培养”类

主要动词包括“教导”、“辅导”、“指导”、“领导”等，此外还包括“教”、“教唆”、“培养”、“培育”、“教育”、“指挥”、“改造”、“鼓励”、“动员”、“劝”、“劝说”、“怂恿”、“鼓动”、“发动”、“组织”、“支持”、“训练”等。例如：

(3) 朋友们都劝他早点出发。

(4) 然后她指导着祥子怎样教虎妞喝下那道神符。

3.“派遣”类

主要动词包括“派”、“支派”、“指派”、“委派”、“遣派”、“遣送”等，此外还包括“喊”、“叫”、“呼唤”、“招呼”、“命令”、“差”、“介绍”、“打发”、“提拔”、“送”、“推荐”等。例如：

(5) 然后委派我给宝康打电话。

(6) 可是她只敢躲在外国话里命令鸿渐吻自己。

4.“嘱托”类

主要动词包括“嘱”、“嘱咐”、“嘱托”、“叮嘱”、“托”、“委托”、“拜托”等,此外还包括“告诉”、“警告”、“通知”、“号召”、“托付”、“提醒”等。例如:

(7) 左先生嘱咐我来看房。

(8) 苏小姐警告他不要多说话。

5.“带领”类

主要动词包括“带”、“带领”、“带动”、“领”、“领导”、“率领”、“引领”等,此外还包括“引导”、“引诱”、“引发”、“帮助”、“帮”、“协助”、“陪送”、“护送”、“搀”、“搀扶”等。例如:

(9) 方老太太带鸿渐进他卧室。

(10) 到四点半,我来领你进去。

6.“请求”类

主要动词包括“求”、“请求”、“要求”、“央求”、“恳求”、“祈求”、“乞求”等,此外还包括“请”、“邀请”、“喊”、“哄”等。例如:

(11) 我求他们都去看看苦根。

(12) 饭后她请我去酒吧听歌。

值得关注的是,上述例子都是最常见、最典型的兼语构式,其中的“兼语”属性集中在三类:1. 专有名词;2. 代词;3. 有定成分。可见,典型的兼语构式中的“兼语”成分通常是“定指”的,同时也是“实指”的。

3.3.2 构式变换与数量兼语

据实际语料显示,兼语构式内部的构成情况很复杂。比如通常认为所谓“兼语”就是宾语兼主语,但李临定(1986)对此有不同的看法。他认为,从有定无定来看,汉语里的宾语常常是无定的,而主语则常常是有定的,但兼语谓语句里的“兼语”常常可以是无定形式,如“他请了几个人帮忙盖房子”中的“几个人”是无定的,因此,兼语谓语句中的“兼语”从结构上分析,只能是 V_1 的宾语,不能同时又是 V_2 的主语。实际上,兼语更像一个语义成分,说兼语是一个受事兼施事的成分也许更合理些。

笔者认为,现代汉语中主语一般是有定的、宾语是一般无定的,只是一个倾向,并不是“规则”,事实上处在兼语位置的“数量名”虽然形式上是“不定指”的,对后边 V_2 来说又是“主语”,位置赋予它“定指性”。所以从句法上来说“兼语”是宾语兼主语,从语义上来说“兼语”是受事兼施事,这并不矛盾。但李临定(1986)的说法揭示

了一个现象,即兼语构式中有一种类型,其中的"兼语"成分是"数量+NP"的定中短语,这正是本文要考察的语言现象。例如:

(13) 他请了一个家庭教师来教自己的孩子。

(14) 司令拉住一个卫兵站在自己身后。

(15) 总经理派了两个业务员去开拓新市场。

(16) 我聘了三个学生当自己的科研助理。

上述实例中"兼语"都含有数量短语,属于"不定指"成分。从话语结构来分析,如果说话人要凸显"兼语"成分的属性,上述句子中的"数量+NP"可以分裂,变换成如下格式:

(17) 前来应聘家庭教师的都不怎么行,无奈之下,他随意请了一个来教自己的孩子,没想到歪打正着,孩子长进特快。

(18) 卫兵们一窝蜂冲上前去,司令连忙拉住一个站在自己身后,以防不测,而这个卫兵正是他的外甥。

(19) 公司业绩突出的业务员很多,总经理派了其中两个去开拓新市场,没多久就打开了局面,因为这两个业务员虽然业绩不是最好的,但善于做陌生市场。

(20) 项目工作量很大,研究生们都表示愿意参与,我聘了三个当自己的科研助理,他们独立科研能力并不强,但善于执行。

此类变换构式中处于兼语位置的数量短语主要是物量词,这是"兼语"构式的语义链所制约的。上述变换实例的特点是原充当"兼语"的定中短语"数量+NP"分裂,语境中先交代了某类人的属性作为先行语 NP,结果在兼语构式中"兼语"位置上就只剩下单纯的数量短语。由于变换构式规定了分裂的"数量"与 NP 具有同指关系,于是这些数量短语就承担了指代功能,通过语义链回指前边的先行语 NP。至于说话人为什么要调整话语编码次序,语用驱动是显而易见的,为了凸显"兼语"成分。结合语境可以知道这些"数量"指代的对象都有一个共同特点,即具有"显著性",而这正是说话人要凸显的信息。如例(17)中随意挑选的"一个"却产生了意想不到的结果,例(18)中司令拉住的"一个"与自己的关系不寻常,例(19)突出总经理挑选那"两个"的眼光精准,例(20)强调那"三个"适合当科研助理的特点。

3.3.3 数量兼语的指代功能

数量兼语的指代功能是很值得研究的,兼语构式本是述宾结构与主谓结构整合而成,"兼语"在形式上统摄主语和宾语,在语义上统摄受事和施事。就数量兼语指代功能的理据来看,与上文讨论的主语位置、宾语位置上数量短语的指代具有同一性。此类现象都是说话人基于情景的"识解"(construal),选择了变换构式,导致原来充当某个句法成分(主语、宾语、兼语)的定中短语(定语＋中心语)分裂,中心语前移,数量短语独立充当某类句法成分。由于构式规定了数量短语与原中心语具有同指关系,单独充当某类句法成分的数量短语通过语义链回指前移的原中心语成分,从而获得了指代功能。

但是,论及数量兼语指代功能的属性,与上文讨论的主语位置、宾语位置上数量短语指代功能的属性存在较大的差异。根据上文分析,处于主语位置的数量短语的指代功能主要是"总分式复指"构式,分述部分分句主语对总述部分原中心语的回指,虽然都是"实指",但具体分析可能是"确指",也可能是"任指";处于宾语位置上数量短语的指代功能主要是NP分裂前移话题化构式,单独充当宾语的数量短语回指句首的原中心语,不但属于"实指",而且属于"确指"。而兼语位置上数量短语的指代功能属性虽然也是"实指",却只能是"任指"。从例(13)—例(16)来看,"一个家庭教师"、"一个卫兵"、"两个业务员"、"三个学生"都是"数量＋NP"的定中短语,其中名词都是通指类名,本身是某个类的"集合"。由于前边的量词实现了"个体化",数词落实了"量",因此数量限定的名词的指称对象是同一的、确定的。对听话人来说它们是"不定指"的,对说话人来说它们又是"实指"的。但是,一旦"数量＋NP"定中短语分裂,其中NP前移至语境中成为先行语,数量单独充当了兼语成分,情况就发生了变化。如例(17)—例(20)中,"前来应聘家庭教师的"、"卫兵们"、"公司业绩突出的业务员"、"研究生们"都是某个类的"集合",而"一个"、"两个"、"三个"只是其中的一个或几个成员,它们的指称范围不一致,前者是"整体"而后者是"部分"。例句中的"一个"、"两个"、"三个"分别通过语义链回指前边的先行语,其中有一种选择性,而这正是说话人选择变换构式的语用动因。

3.4　谓语位置的数量陈述

上文我们考察了主语位置的数量指代、宾语位置的数量指代、兼语位置的数量指代。这些句法位置都是指称性位置,因而探讨数量短语的指代功能其理据性是充分的,也是合理的。但在语言使用中,数量短语占据谓语位置的情况也很常见,是个值得探讨并解释清楚的语言现象。

一般来说,数量的基本句法功能是限定性定语,限定名词(包括实体或指称性事件)。根据储泽祥(2001)对相关研究成果的梳理和考察,在量词丰富的汉藏语系里,数量短语做名词的限定性定语,有三种语序:

> 第一类是数量前置,如:傈僳语、水语、侗语、毛难语、仡佬语、布依语、黎语。
>
> 第二类是数量后置,如:哈尼语、景颇语。

第三类是一部分数量前置，一部分数量后置，如壮语里数词是“一”的数量后置；数词是“二”或“二”以上的，数量前置。

现代汉语的基本语序是数量前置，学界研究表明，除了特殊情况，一般数量后置于名词有其特定的语用功能。按照胡附(1984)的考察主要有两种情况：一种是列举事物的语境，如“我买了白菜三斤，猪肉一斤”；另一种是强调语气的表述，如“再这样下去是死路一条!”从某种意义上说，数量短语和名词组合，数量短语前置是无标记形式，数量短语后置是有标记形式，有标记就必然有语用驱动因素。

“名词＋数量”可分为基本的两类：一类是数词限于“一”，重在判定或评价；一类是数词不限于“一”，重在陈述事实。我们认为，前一类形式中的“一”是非真值义用法，不能用其他数字来替换；而后一类形式中的数词是真值义用法，可以用其他数字来替换。从构式语法的角度来看，这两类形式虽然具有共同的理据性，历时层面也许还有承继关系，但话语功能的区别很大。因此，我们分而治之，表非真值义的“名词＋一量”在第四章专门论述，这里主要讨论表真值义的“名词＋数量”构式。

3.4.1 数量述谓的语用驱动

表真值义的“名词＋数量”主要分布在动词宾语的位置。例如：

(1) 警察迅速赶到罪犯家中，搜出手枪三支。
(2) 前来采访的记者，每人领到采访证一张。
(3) 文用担保如果郭子亮出兵弹压，事后可犒赏大洋二百块。
(4) 凭这条子，丁岐可以到食堂领取蛋糕一只。
(5) 教授的书房特简陋，唯有书桌一张、椅子一把、书橱一个。
(6) 每个学生领到蚊帐一顶、凉席一张、漱洗用品一套。

上述实例中，“名词＋数量”都置于宾语的位置，如何判定它们的结构关系呢？可以有两种选择，一种分析为倒装的偏正式(语用变换)，另一种分析为主谓式(正常语序)。刘勋生(1998)认为应该判定为倒装的偏正式，理由是从句法分布来看，这些句子的核心动词后边一般不带主谓短语，所以如果分析为主谓式的话，势必要引起对兼语结构的重新认定。我们认为他的看法有一定道理，至少当“名词＋数量”置于宾语的位置时可以这么认定。

上述实例动词带“名词＋数量”做宾语，一般都是陈述性的，后面不会有别的成分出现，“名词＋数量”里的“数量”处在句末位置，而这个位置正是句末焦点所在的位置[①]。这样看来，“数量”从两个方面得到突出：一是注意焦点，二是句末焦点。“名词”不在句末焦点位置，不如“数量”显著。因此，储泽祥(2001)指出，“名词＋数

① 参看何自然1988出版的《语用学概论》和张伯江、方梅1996出版的《汉语功能语法研究》。

量”出现在动词的后边，是说话人为了使“数量”成为注意焦点，采用变序的语用手段，所以“名词＋数量”语序的成因主要在句法之外，属于语用驱动所致。具体分析，是说话者主观上或强调数量的多少，或强调数量的精确性。例如：

(7) 阎二敢赢了，他叼着烟卷儿大摇大摆涉过冰河，一步步走到螃蟹李面前，哗哗啦啦递上来二十块银洋。螃蟹李面无血色，伸手去接。阎二敢突然缩手回去，咬牙切齿看着螃蟹李，一板一眼地说，咱们赌一赌这冰河吧，你要是胆敢过河跑到对岸，我输你大洋八百块。

(8) 厂里现在一分钱也没有，只有地皮一块，又是国有资产，我不好动的。

(9) 小雨让小猴把车停在弄堂拐弯处的一个空地上，还特地找了个有些熟悉的小男孩，让他看车，讲好小费十元。

上述例(7)强调数量多，前后有对比，上文是“二十块银洋”，下文是“大洋八百块”，说话者有意安排“名词＋数量”的语序，以强调“八百块”这一数量很多；例(8)强调数量少，把“一块”放在焦点位置，与“只有”形成呼应；例(9)强调数量精确，小费的数目是“十元”，不能再变，预先“讲好”的。又如：

(10) 县公安局连夜出动，第二天清晨，将所有的农户全部围了起来，当场搜出乌猴十一只，七只死的，两只伤的，两只基本完好。

例(10)中“乌猴十一只”处在句末焦点位置，强调了乌猴这一珍稀动物数量多，同时又成了下文的话题，“七只、两只、两只”分述了“十一只”的各种情况。从信息激活角度看，这样的安排使听话者理解起来更加便利，说话者的意图也十分明显。比较例(10)与例(10’)：

(10’) 当场搜出十一只乌猴，七只死的，两只伤的，两只基本完好。

从线性语序看，例(10’)先激活“十一只”，再转向激活“乌猴”，又转向激活数量“七只、两只、两只”，从“十一只”到“七只、两只、两只”，中间隔了“乌猴”，处于激活状态的“十一只”在记忆存储时受到干扰，对“十一只”的注意力受到影响。而例(10)在激活“十一只”后，激活状态仍然处在数量域，听话人的注意力也仍然保持在数量域，因此接受信息更顺畅，表达功能更凸显。

3.4.2　述谓性数量构式的理据

语料考察表明，“名词＋数量”构式还有一种分布，即独立成句。通常有三种情况：

1. 总分式列举表述。例如：

(11) (那明亮的圆月)，天上一个，水中一个。

(12) (凶神恶煞的门神)，左边两个，右边一双。

(13) (抢来两个姑娘)，老二一个，老三一个。

(14)(生源以上海为主,也有少数外地的),江苏三个,浙江五个。

此类构式中句首是总说的话题成分,有的是短语,如例(11)、例(12),有的是句子,如例(13)、例(14),后边是独立成句的分说部分,通常是并列式列举。

2. 报账式列举表述。例如:

(15) 缴获各类武器装备不计其数:战马 53 匹,加农炮 23 门,重机枪 100 多挺,棉衣 3 卡车,弹药难以计数。

(16) 管家送上过年采购清单:猪肉 4 爿,鱼 50 条,鸡 20 只,鸭 10 只,其他各色果品蔬菜一应俱全。

(17) 这次被弹劾、贬黜的官员多达十几个,内阁学士一个,尚书两个,御史五个,巡抚三个,总兵三个。

(18) 堂上场面很威风,知县大人正襟危坐,师爷一个,捕头两名,衙役一班,各就各位。

此类构式属于常见的报账式列举表述,前边有一个背景说明,然后列举相关项目,如例(15)—例(17)。也可能是描述性话语,采用列举形式,如例(18)。

3. 分配式列举表述。例如:

(19) 这些红包是老板给的,每人一份,不用客气。

(20) 购置的新电脑到了,每个办公室一台,经理室另外配置。

(21) 缴获的机枪不多,每个连两挺,特务连三挺。

(22) 论文交三本存档,教研室一本,系里一本,学校一本。

此类构式属于常见的分配式列举表述,前边有一个背景说明,然后列举分配项目,可以只有一项,如例(19)、例(20),也可能有两项或更多,如例(21)、例(22)。

需要说明的是,此类独立成句的“名词+数量”中“数量”不限于物量,也可能是动量或时量,数量短语前面也不一定是名词,还可能是动词。例如:

(23) 此次去欧洲收获颇丰,看了不少东西,话剧一场,歌剧两场,音乐会三场。

(24) 这个月出差了三趟,广州一趟,上海两趟。

(25) 春节都没在家里歇一天,值班三天,出差两天,开会两天。

(26) 我在江西总共待了 15 年,插队 5 年,读书 4 年,工作 6 年。

上述例(23)、例(24)“实词+数量”结构中,“实词”是名词,“数量”是动量词;例(25)、例(26)“实词+数量”结构中,实词是动词,“数量”是时量词。

3.4.3 述谓性数量指代的弱化

上文 3.4.1 我们曾提到,置于宾语位置的“名词+数量”的结构关系的判定可以有两种选择，一种分析为倒装的偏正式(语用变换)，另一种分析为主谓式(正常语序)。有的学者如刘勐生(1998)认为应该判定为倒装的偏正式，理由是从句法分布来看，这些句子的核心动词后面一般不带主谓短语，所以如果分析为主谓式的话，势必会引起对兼语结构的重新认定。这种观点主要是立足汉语句法结构的分析系统，有一定的道理。

但语序变换在汉语中是极其敏感的，不可能不发生变化，即使在句法上承认其为倒装的偏正式结构，但语义和语用表达效果一定会有差异。特别是当“名词＋数量”结构独立成句时，这种语序的语用效应尤其显著。储泽祥(2001)认为，虽然句法外的语用因素是“名词＋数量”语序变换的主要动因，但不能忽略句法本身的作用，同平行的“数量＋名词”结构比较，“名词＋数量”的陈述性增强了。如果“名词＋数量”独立成句，“数量”的句法功能也应有所变化，前置的“数量”主要是限定作用，而后置的“数量”明显有陈述作用，因此句法关系应该判定为主谓关系。

上述不同的看法其实涉及到一个类型学的问题，即汉语有没有“定语后置”现象。语言类型学的研究表明，部分语言中确实存在定语后置现象，比如英语中的各类用例：

(27) 甲：A writer of novels(小说作家)
乙：The will to live(生的意志)
(28) 甲：He spoke like a man afraid.
(他说话时像是很害怕似的。)
乙：I'm the happiest man alive.
(我是世上最幸福的人。)
(29) 甲：The car that's parked outside is mine.
(停在外面的汽车是我的。)
乙：The man who wrote this book is a fine man.
(这本书的作者是个好人)

例(27)都是短语，使用标记 of 或 to 作定语后置；例(28)都是句子，甲句中的形容词“afraid”作宾语“man”的定语、乙句中的形容词“alive”作表语“man”的定语时一般后置；例(29)也都是句子，其中“that”和“who”引导的限定性定语从句分别作“the car”和“the man”的定语，一般都后置。汉语学界也有人探讨过汉语中的定语后置现象，但不为大多数人所接受。比如古汉语中“马之行千里者”可以理解为“行千里之马”，现代汉语中“囚犯中不服管教的”可以理解为“不服管教的囚犯”。但理解是一回事，句法形式却采取“类称＋所指对象”的偏正格式，证据是后边有中心语成分(如“者”)，或者可以添加中心语(如“囚犯中不服管教的人”)。归根结底，从形式和意义匹配的角度来看，在汉语中，一个定语前置于中心语表达偏正关系，定语一旦后置表达的却是主谓关系，这是我们结构识别的心理默认机制，因此汉语中不太出现定语后置现象。

联系本文探讨的数量短语的指代功能来看，当数量短语前置于名词时，“数量＋名”表现为偏正关系，数量起限定作用；一旦数量短语后置于名词时，“名＋数量”便表现为主谓关系，数量起陈述作用。上面储泽祥（2001）的分析是合理的，也代表了汉语使用者的语感。因此，我们可以这样解释，当数量短语前置于名词时，由于名词承担了指称功能，数量短语潜在的指代功能没有被激活的分布环境。当数量短语后置于名词时，整个结构便变换为主谓关系，数量短语占据了谓语的位置。由于谓语位置不是指称性的，而是陈述性的，所以数量短语主要承担陈述的功能。谓语位置上的数量短语由于陈述功能强化了，所以其指代功能就相对弱化了。换一句话说，处在谓语位置上的数量短语，与其说是指代主语，还不如说是从数量方面陈述主语。

3.5 本章小结

表真值义数量短语的指代功能主要涉及不同句法位置上的数量短语指代现象，包括主语位置的数量指代、宾语位置的数量指代、兼语位置的数量指代以及述谓成分的数量指代。

主语位置的数量指代的典型构式是“总分式复指”结构。其中总说部分是话题，对听话人来说通常是“定指”的，对说话人来说通常是“实指”的；同时，总说部分通常不是“个体”，而是一个“集合”，这个“先行语”有待于后边分说部分分别加以陈述。因此，分说部分的数量主语的指代属性有两种情况：当总述部分这个“集合”的成员是有序的，那么可以依据语序确认分述部分分句主语的指代对象，这时数量短语的指代属于“确指”；当总述部分的对象只指明某个范畴类的“集合”，不表示顺序，分述部分分句主语指代的则只是这个“集合”中的某个或某些成员，这时数量短语的指代属于“任指”。

宾语位置的数量指代的典型构式是NP短语分裂前移话题化结构。即充当宾语的NP短语（数量＋NP）分裂前移话题化，数量短语与中心语分离，导致留在句末的数量短语在构式（句法位置）的制约下，转化为核心动词的直接论元。由于构式的规定性，直接充当宾语的数量短语与话题具有同指性，于是量词个体化功能的潜在语义因子被激活，数量短语就产生了指代功能，通过语义链回指前移了的原中心语成分。单独充当宾语的数量短语，对说话人来说自然是“实指”的，而对听话人来说显然是“不定指”的。

兼语位置的数量指代主要是使令式兼语构式。当兼语成分是“数量＋名词”结构时，其中名词都是通指类名，本身是某个类的“集合”，由于前边的量词实现了“个体化”，数词落实了“量”，因此数量限定的名词的指称对象是同一的、确定的。对听话人来说它们是“不定指”的，对说话人来说它们又是“实指”的。但是，一旦“数量＋名词”结构分裂，其中名词前移充当了主语话题（先行语），数量单独充当了兼语成分，情况就发生了变化。主语话题是某个类的“集合”，而“数量”只是其中的一个或部分成员，它们的指称范围不一致，前者是“整体”而后者是“部分”。“数量”通过语义链回指前边的先行语，其中有一种选择性，指代属性是“任指”，这就是构式变换的语用驱动。

谓语位置的数量陈述指数量短语直接充当谓语的构式。当表真值义的数量短语前置于名词时，由于名词承担了指称功能，数量短语潜在的指代功能没有被激活的分布环境。而当数量短语后置于名词时，整个结构变换为主谓关系，数量短语占据了谓语的位置，由于谓语位置不是指称性的，而是陈述性的，所以数量短语主要承担陈述的功能。谓语位置上的数量短语的陈述功能强化了，指代功能就相对弱化了。

第四章　非真值义数量短语的指代功能

非真值义数量短语指“一量”中的“一”不表真值义，它的表数功能弱化了，一般不能用其他数词来替换。此类“一量”大多出现在一些典型的构式中，成为重要的构件，对体现构式义有重要作用。因此，本章探讨非真值义数量短语的指代功能，是以含有非真值义“一量”的典型构式作为考察对象的，主要涉及以下五类典型构式：

1. “一量”复叠构式：V_1一量 V_2一量
2. “一量”对举构式：X_1一量 X_2一量
3. “一量”述谓构式：NP　＋ 一量
4. 递进性差比构式：一量比一量＋VP
5. 周遍性强调构式：一量＋都/也＋没/不＋VP

事实表明，构式语法理论被引进汉语语法研究以来，引起了学界的广泛关注，也引起了一些争议，陆俭明(2007)在 Goldberg(1995)中译本的序言中对此作了较为中肯的评价，在此不再赘述。我们认为，任何语言学理论都不可能是绝对完善的，构式语法理论也不例外。但是构式语法作为一种语法研究的理念，功能学派的立场、完形认知的视点是很显著的。William Croft(2009)指出：构式语法的语言描写应包括每个构式的语义、语用和话语功能，这些方面跟构式形态和句法分布的描写是同样重要的。尤其值得关注的是进入构式的词或短语的语义阐释经常随构式的不同而不同，继而构式的语义随填充的词或短语的不同而不同(William Croft 著、张伯江导读，2009)。这无疑是值得我们思考的，对汉语句式研究的深入具有借鉴价值。下面本章将分节考察上述五种含有“一量”的典型构式。

4.1　“一量”复叠构式的数量指代

“一量”复叠构式指的是“V_1一量 V_2一量”的表达式，就该构式的产生来看，是条件复句的紧缩形式，是两个句子整合的结果。例如：

(1) 为了整肃地方治安，司法部门下了决心，凡属刑事案件，只要发生一件，就惩处一件，绝不手软，没多久地方治安面貌就发生了很大的变化。

上例中加着重号部分是一个特定条件句，有关联词语“只要……就”标示显性的逻辑关系，通过删除关联词语和停顿，整合成一个句子形式，就成了“V_1一量 V_2

一量”构式。上例合成的结果为：

（1'）为了整肃地方治安，司法部门下了决心，凡属刑事案件，发生一件惩处一件，绝不手软，没多久地方治安面貌就发生了很大的变化。

因此，该构式表达的是两个“V一量”之间的条件关系。

4.1.1 “V_1一量V_2一量”构式

“V_1一量V_2一量”构式中两个V是具有某种关联的不同动词，两个“一量”重复且同指，包括物量、动量、时量各类量词。例如：

4.1.1.1 “一量”是物量词

（2）李逵抡起两把板斧，不问青红皂白，见一个砍一个。

（3）猴子摘包谷，掰一个扔一个。

（4）她极有耐心，在村头田边，听一句记一句，积累了不少第一手资料，基本上摸清了这种方言的基本面貌。

（5）野草的生命力很强，新苗刚栽下不久，野草就露头了，他们见一根拔一根，硬是保住了新苗。

（6）敌人的暗堡特多，冲上一批倒下一批，攻城部队始终无法突破。

（7）大圣揭开盖子，倒一颗吞一颗，没多久葫芦里的金丹全被他吃完了。

上述实例中的量词都是物量词，以泛指量词“个”最为常见，其他物量词也可以出现，如“句、根、批、颗”等。上述实例中的V多数是单个动作动词，也可能连带补语成分，如例(6)中的“冲上”、“倒下”。值得关注的是此类构式两个“V一量”的施事是同一个主体，如例(2)中“见一个砍一个”的都是“李逵”。余例类推解读。

4.1.1.2 “一量”是动量词

（8）他们俩就这么耗着，见一次闹一次，没完没了。

（9）虽然他很不服气，总想赢对方，可是比一次输一次，怎么也赢不了。

（10）老两口惦记着女儿，就跑去看她，可去一次后悔一次。

（11）老大娘天天想儿子，想一回哭一回，把眼睛也哭瞎了。

（12）公司通过关系联络上了这个主管领导，开始“公关”，这位官员倒也实诚，请一顿吃一顿，可该办的事一点没办。

（13）小张酒风特好，来者不拒，敬一杯喝一杯，很快就喝趴下了。

上述实例中的量词都是动量词，“次”的使用频率较高，其他动量词也可以出现，如“回、吨”等，还可能是借用量词，如“杯”等。上述实例中的V通常是单个动词，“一量”直接充当连带成分(通常是补语)。值得关注的有两点：

其一，此类构式两个“V一量”的施事可能是同一个主体，(例(8)—例(11))，如例(8)中“见一次闹一次”的都是“他们俩”,例(9)中“比一次输一次”的都是“他”,例(10)中“去一次后悔一次”的都是“老两口”;也可能两个“V一量”的施事不是同一个主体(例(12)、例(13)),如例(12)中“请一顿”的是“公司”,而“吃一顿”的是“官员”,但两个“V一量”之间还是体现了一种条件关系,并不影响整个构式的话语功能。

其二,此类例子中的两个“V一量”未必都是动作动词,如例(10)中的“后悔”、例(11)中的“想”都是心理动词,体现的是主体的一种心理状态。

4.1.1.3 “一量”是时量词

(14) 他也没有别的出路,只好过一天算一天。

(15) 老子也活够了,不在乎,过一年赚一年。

(16) 公司老总节奏把握得很好,紧一阵松一阵,这样员工们也常有个喘气的阶段,不至于太劳累。

(17) 这小两口子,闹一阵好一阵,结婚以来就没消停过,

(18) 这段山路特别艰险,队员们走一会儿歇一会儿,天黑了才赶到营地。

(19) 年轻队员们精力旺盛,走一路说笑一路,丝毫不显得劳累。

上述实例中的量词都是时量词,表确定时段的时量词以“天、年”最为常见,但更常见的却是表不确定时段时量词(如“一阵”、“一会儿”),还有转喻而来的时量形式(如“一路”)。上述实例中的V通常是单个动词,“一M”直接充当连带成分(通常是补语)。值得关注的是此类构式中的两个“V一量”未必都是动作动词,如例(14)中的“算”、例(15)中的“赚”,体现的都是主体的一种主观认知心态。

4.1.2 “一量”的指代特征分析

典型的“V_1一量V_2一量”构式中,“一量”复叠而且同指,李临定、范方莲(1960)指出该类构式中的“一量”含有“每”的意义,这是符合语言事实的。如“见一个砍一个”意思是每见到一个就砍一个,“见一次闹一次”意思是每见一次就闹一次,“过一天算一天”意思是每过一天就算一天。下面的实例是“V_1一量V_2一量”的变式,很能说明“一量”指代的特征。

(20) 听说她得了什么肠粘连的毛病,吃多少吐多少,只能赶紧住院治疗。

(21) 她不停地找上级部门反映,去多少次哭多少次,问题还是没能解决。

(22) 医生诊断他得了癌症,他却一点不在乎,按他的说法,活多久算多久,生死有命,自己瞎折腾也是白搭。

上述三个实例中复叠的“V一量”变换为“V+数量”,替换“一”的都是疑问代词,“多少”指物量,“多少次”是动量,“多久”指时量。这些疑问代词不表疑问,而是虚化的“任指”用法,指代某一集合中的所有成员。

因此,从语义上分析,表“每一”就是指某个“集合”所有成员中的任何一个个

体，属于“任指”范畴。理据也很清楚，因为“V_1一量 V_2一量”构式是条件复句的紧缩形式，是两个句子整合的结果，两个“V 一量”之间是条件关系。条件关系的表述在语用层面是属于非现实的，即“V_1一量 V_2一量”构式是一种非现实的陈述，不含有现实的时间因素，一般不出现体标记。因此，该构式中同指的两个“一量”，通过语义链回指前边出现的“先行语”，即某个集合所有成员中的任何一个个体，显然是不确定的，所以这里的“任指”对象，对听话人来说是一种“不定指”，对说话人来说，也是一种“虚指”。

值得关注的是，该构式中两个同指的“一个”所指代的“对象”可能出现在句中，也可能隐含在语境中，还可能根本就不会出现，需要听话者意会来理解。例如：

(23) 村民们不断前去交涉，去一次闹一次，事情就这么拖着。

(24) 交警们不含糊，凡违章停车的，逮着一个罚一个。

(25) 媳妇儿很会持家，本来钱就不多，算一阵子过一阵子，小日子倒也过得去。

上述例(23)中“一次”为表动量的数量短语，指代“村民们前去交涉”这个类事件，句中的“一次”指代这个类事件集合中的任何一次，指代对象出现在句子中；例(24)中“一个”是表物量的数量短语，指代违章停车者，句中的“一个”指代当时当地交警可能逮着的所有违章停车者中的任何一个，指代对象隐含在语境中；例(25)中“一阵子”为表时量的数量短语，指代日常生活中的任何一个规约性的时段，指代对象根本不会出现，也无须出现，听话人可以依据规约性认知解读话语。

4.1.3　“一量”的变量形式解读

上面所举各类“V_1一量 V_2一量”构式的实例，两个“一量”同形，数词限于非真值义的“一”。但实际语料显示，“V_1一量 V_2一量”构式也可以有一种变量形式，即数词“一”被其他实词替换。例如：

(26) 怕什么？他们来一个杀一个，来两个杀一双，老子正想过过瘾呢！

(27) 这个巡抚虽然贪，却也有分寸，地方交上来的税银，收到十两截留一两，所以政绩还算不错，不久还升了官。

(28) 他们这个工种比较特殊，做三天歇一天。

(29) 老子跟儿子不对劲，又说不过儿子，每次争论，说一句回十句，最后总是气得说不出话来。

上述实例的共同特点是其中的一个“一量”中数词“一”被其他数词所替换，而且各有特点：例(26)中的“个”和“双”都是物量词，“来两个杀一双”，“两个”就是“一双”，只不过换了一个形式，但至少说明该构式中的两个“一量”中的数词未必相同。例(27)中的“两”是单位量词，“收到十两截留一两”体现的是单位量的比例，

“一两”归在“十两”之中；而例(28)中的“天”是时量词，“做三天歇一天”体现的是时量的比例，但“一天”却在“三天”之外。而例(29)中的“句”是借用的动量词，“说一句回十句”，不但两个数词不同，“V+数量”的施事主体也不同。

笔者认为，对于此类变量形式，表面上看两个“一量”中有一个数词不是“一”，但实际上同样含有“每一”的意思，如例(27)中“收到十两截留一两”意思是“每收到十两截留一两”，例(28)中“说一句回十句”意思是“每说一句回十句”，例(29)中“做三天歇一天”意思是“每做三天歇一天”。也就是说，其中一个“一量”中的数词虽然不是“一”，但作为整体表达的语用义还是“一”。这种变量，包括上文提到的用疑问代词替换“一”，都说明该构式具有能产性，但万变不离其宗，不管如何变化，基本构式义及话语功能并没有变。

4.2 “一量”对举构式的数量指代

“一量”对举构式指“X_1一量 X_2一量”表达式，这是一种描写性的对举构式，中间可能有停顿也可能没有停顿。其中“一量”是非真值义的“一”和量词组合的数量短语，量词包括物量词、动量词和时量词；X 可以是各类实词，如名词、代词、动词、形容词等，但作为描写性功能，使用频率最高的典型构式是 X 为形容词，即“A_1一量 A_2一量”。对于此类构式学界有所关注，比如黄大祥(2005、2006a、2006b)就曾对此类现象做过深入的考察。我们在学界相关研究的基础上，进一步从构式角度加以解析，先描写典型构式“A_1一量 A_2一量”，解释其中“一量”的指代功能，然后讨论其他变式。

4.2.1 典型构式“A_1一量 A_2一量”

本节首先讨论典型构式“A_1一量 A_2一量”。例如：

(1) 士成解开小褂，露出一条已经被沤得深一块浅一块的红布腰带来。

(2) 房间里到处是书，随意堆放在地上，高一摞低一摞，不像个书房，倒像一间杂乱无章的仓库。

(3) 由团部出来，贺营长的心里很不安定，深一脚浅一脚地在壕沟里走。

(4) 小妹正在给猪剁草，轻一刀重一刀的，心里不知在想些什么。

(5) 帕拉海特的脸红一阵白一阵，他完全低下了头。

(6) 雨大一会儿小一会儿，一直不停。

上述实例都包含由两个不同形容词各带一个“一量”并举而成的构式。并举的两个“A 一量”相互依存，任何一方都没有独立性，它们前呼后应，共同构成一个更大的语法单位，表达一个整体意义，这种构式可码化为“A_1一量 A_2一量”。其构件描写如下：

其中 A 是形容词，以成对的单音节性质形容词为主体，例如：

大/小　长/短　粗/细　高/低　宽/窄　厚/薄　轻/重　深/浅
远/近　横/竖　干/湿　疏/密　松/紧　肥/瘦　软/硬　明/暗
生/熟　新/旧　虚/实　快/慢　真/假　雅/俗　冷/热　饥/饱

此外还包括部分表示色彩的形容词，例如：

红　黄　绿　青　蓝　紫　黑　白　花

其中“一量”是“一”和量词的组合，量词可能是物量词（如例 1、2），可能是借用的动量词（如例 3、4），也可能是时量词（如例 5、6）。能进入该构式的物量词都是一般常用的物量词。例如：

个体量词：个、根、块、道、条、张、片、颗、棵
集合量词：排、行、摞、丛、串、套、包
借用量词：车、网、杯

能进入该构式的动量词除了专用动量词外，借用动量词也比较常见。例如：

专用量词：下、趟、把、顿
借用量词：眼、手、脚、口（人体器官名词）
　　　　　锤、刀、笔、斧、锹、锄（某些工具名词）
　　　　　声、句、步、脚（某些动作伴随结果的名词）

能进入该构式的时量词并非专用时量词，都是一些变式。例如：

（一）天、（一）时、（一）阵、（一）会儿

4.2.2　构式义及其语用功能解析

“A_1一量 A_2一量”构式是一种“格式重叠”，既然是重叠，依据句法象似动因，就一定会产生“量增”效应，实体量、动作量、时段量都不是单一的量。该构式作为一个整体，基本语用功能是描写性的，具体落实到不同的量词，语义上会有不同的差异。但万变不离其宗，构式义表示在某个特定时段中某个实体或事件表现出来的性状特征不同质，参差不齐，在两个性状极端之间游移、摆动。下面分而述之。

4.2.2.1　“一量$_{(物)}$”表示某类实体或某一实体的不同部分因性状特征不同质而在空间上的多量交错分布。例如：

（7）你买的肉肥一块瘦一块的，不好。

（8）有的地方掉了漆，光下显得白一块花一块的，看上去很不舒服。

(9) 这时候,浮云布满了天空,淡一块浓一块,像一幅褪了色的灰布。

(10) 他那几亩地每年也是荒一半熟一半,打不了几颗粮食。

(11) 水少,流量小,浇了一个多小时,地里还是干一片湿一片的。

(12) 气氛如此喧闹,还有大块大块的招牌,横一张竖一张,拦在街角。

(13) 丝线是掉色的,洗脸时沾了水,手腕上就印得红一道绿一道的。

(14) 可惜现在黑头发从里面长出来,弄得他头上黑一点黄一点,像一块抛荒地了。

此类构式描写的是实体的静态性状,语用义透出的信息表明,说话人感觉实体性状是非常态的,所以评述倾向于消极性。如例(7)描写肉的性状肥的肥,瘦的瘦,参差不齐,所以"不好";例(8)描写家具有的地方掉了漆,显得花白交错,所以"看上去很不舒服"。余例可类推解读。

4.2.2.2 "一量(动)"对连续的动作或情景进行整体性描写,表示不同性状特征的动作或情景在时间上的交替延续。同类实例:

(15) 庄六妹别转头,轻一下重一下地敲洋铁罐。

(16) 一片积雪,一列小山,明一下暗一下,从车窗前晃过。

(17) 那时侯,我也经常饥一顿饱一顿的。

(18) 他这一走,家里也冷一顿热一顿,不像过日子。

(19) 小兰惊恐而又急切,深一脚浅一脚,滑了几个跟头。

(20) 媳妇抱着儿子,高一脚低一脚,跟在队伍后面哭喊着跑。

(21) 啭儿嗓音嘹亮,秀子喊声沉远,高一声低一声的,就像叫魂。

(22) 他坐在教室里,但什么书也不想看,什么事也不想做,只是百无聊赖地在纸上粗一笔细一笔地乱画。

上述实例中,例(15)—例(18)是专用动量词,例(19)—例(22)是借用动量词。此类构式描写的是动作或情景的动态性状,语用义透出的信息表明,说话人感觉动作或情景的性状是非常态的,凸显的是它的异态特征,因此大多含有不稳定、不连贯、不一致之意。如例(15)中"轻一下重一下"描写的是庄六妹敲洋铁罐的情景,用力不一导致声音不匀称;例(19)中"深一脚浅一脚"描写小兰惊恐而急切时的行走情景,步履不稳定。余例可类推解读。

4.2.2.3 "一量(时)"直接凸显时量,可以用于描写人,也可用于描写客观事物或现象。用于描写人,通常表示人的脸色、心理和生理感觉的连续变化,或表示人的言行以不同质的方式连续不断地进行。用于描写客观事物或现象,表示事物或现象以不同质的性状持续,或在性状上不稳定、不恒常,变化多。例如:

(23) 他这个病呀,好一天坏一天,怎么治都不见效果。

(24) 高原的气候,变化无常,晴一时阴一时,热一时冷一时,刚到那里很难适应。

(25) 张璐气得脸上红一阵白一阵的。

(26) 庄稼人总有许许多多难肠事困扰着他,使他心里酸一阵苦一阵的。

(27) 辛薇有一种让人示众的感觉,脸上冷一阵热一阵的。

(28) 他干的是杂活,忙一阵闲一阵,没个定数。

(29) 她们三个紧一阵慢一阵,也走了三天三夜。

(30) 纪律要求不能宽一阵严一阵的,应该始终如一。

此类构式描写人、事物或现象的性状在时间上的延续,语用义透出的信息表明,说话人觉察到某人、某事物或现象的性状不稳定、不恒常,变化多,故有感而发。如例(23)中"好一天坏一天"描写某人的病情不稳定;例(24)中"晴一时阴一时,热一时冷一时"描写高原气候变化无常;例(25)中"红一阵白一阵"描写张璐因气愤而导致的脸色变化。余例可类推解读。

4.2.3 "一量"属性及其指代功能

"A_1一量 A_2一量"构式是一个整体,整体的基本功能是描写性的,因此经常在句中充当谓语,也可添加结构标记"的"充当定语。下面需要探讨构式中"一量"的属性及其指代功能。

4.2.3.1 构式语义及"一量"的属性

"A_1一量 A_2一量"构式是一种"格式重叠"现象,在构式单元"A 一量"中,A 是一个构件,"一量"是另一个构件,两者双向互动,产生了特定的构式义。

其中 A 以成对的单音节性质形容词为主体,整个构式的描写性功能是 A 主导的。在后边"一量"的促动下,进入该构式的性质形容词都具有了"动态"的特征,尤其当量词为动量词或时量词时,表现的最为显著。而"一量"短语不论其中的量词是物量词、动量词或时量词,都具有"体词性"的特点,但蕴含的时间因素有差异。"一量$_{(时)}$"直接指代某个人为规约的时间段;"一量$_{(动)}$"指代某个具有内在终止点的事件,蕴含了事件所延续的时间段;"一量$_{(物)}$"隐退了时间因素,实际上属于"固化"了的时间。三类量词的语义差异表现为对时间因素从"显性 → 隐性→ 固化"的渐变过程。比较下面三个例句:

(31) 春夏之交,天气热一阵冷一阵,容易感冒。

(32) 他心不在焉,那锣敲得轻一下重一下的。

(33) 身上都是伤,青一块紫一块的。

上述例(31)中的"一阵"表时量,"热一阵冷一阵"是直接以人为规约的时间段"一阵"来指代天气状况的交替变化,凸显了时间因素;例(32)中"一下"表动量,"轻一下重一下"以敲一下锣这个事件来指代敲锣时状态的交替变化,蕴含了时间因素；例(33)中“一块”表物量，“青一块紫一块”以“青”或“紫”的部分来指代伤痕肤色在空间交错分布的状态变化，其实产生伤痕使肤色变青、变紫也都有个过程，而物量词“块”消除了时间因素，将过程“固化”为静态。所以三者在语义上有差异，在句法上却具有同构性。至于A和“一量”之间是什么关系，着眼点不同可能判定也不同。比如有的学者基于A是形容词，将“A一量”判定为述补结构；有的学者认定A是指称性状态，将“A一量”判定为主谓结构。看法不一样，判定也不一样，但这并不重要，重要的是三者的同构属性。

4.2.3.2 构式功能及“一量”的指代

“A_1一量A_2一量”构式中的“一量”具有一定的指代功能。“A_1一量A_2一量”构式是一种“格式重叠”现象，按照句法象似动因的解释，必然产生“量增”效应。即形式上只有两个“一量”，实际所指代的却不仅仅是两个“量”，而是“多量”，表现为多样的实体状态、连续的事件状态、延续的时间状态的交错或交替变化，且这两个“一量”之间具有“相邻”的特点。如例(31)中“热一阵冷一阵”不是说气温只发生了一次变化，热了一下，冷了一下，而是一个不断变化的过程，冷热相邻交替；例(32)中“轻一下重一下”不是说只敲了两下，一下轻，一下重，而是一个不断敲锣的过程，有的轻有的重，用力不同而导致轻重相邻交替；例(33)中“青一块紫一块”不是说只有一块青的，一块紫的，而是很多青紫的伤痕交错分布，相邻出现。

问题是这里的两个“一量”所指代的都只是代表性的特征，表现为两个相对极端的状态，因此两个“一量”是“有指”的，却属于“任指”。也就是说，例(31)中“热一阵冷一阵”描写某地春夏之交整个时段中的气温状态，两个“一量”分别指代这段时间中冷热交替的任意“一阵”；例(32)中“轻一下重一下”描写了某人在某时整个敲锣过程中表现出来的音响状态，两个“一量”分别指代所有敲锣频次中有轻有重的任意“一下”；例(33)中“青一块紫一块”描写某人在某时表现出来的整体伤情，两个“一量”分别指代所有青紫伤痕中的任意“一块”。

值得关注的是，该构式中的“一量”所指代的对象可能在句中出现，如例(33)；更多情况往往隐含在语境中，未必出现，如例(32)；或根本无须出现，如例(31)。这是因为对说话人来说，使用该构式是对某种非常态的概括性描写，因此只需要“虚指”，不可能“实指”。这也说明此类构式的描写性功能得到了强化，于是“一量”的指代功能就有所弱化。

4.2.4 倒序构式“一量A_1一量A_2”

“一量A_1一量A_2”是“A_1一量A_2一量”的倒序构式，两者之间在形式上具有“镜像”关系，但两者并不完全对称。如果其中的量词为动量词或时量词，“一量A_1一量A_2”与“A_1一量A_2一量”相对应；如果其中的量词是物量词，“一量A_1一量A_2”与“A_1一量A_2一量”不对应，句法、语义以及语用功能有较大差异。下面分别加以说明。

4.2.4.1　量词为动量词或时量词

此类构式的量词包括动量词或时量词的对举构式，可以码化为“一量 A_1 一量 A_2”构式，与“A_1 一量 A_2 一量”在句法、语义上具有对应关系。该构式也是一种整体性的单元，基本功能是描写，主要句法功能是充当句子的谓语、状语和定语。例如：

(34) 他们还在沼泽地里摸索前行，一脚深一脚浅，不知道什么时候能走出去。

(35) 敏敏在河边洗衣服，一边想着心事，一边用棒槌一下重一下轻地敲打着衣服。

(36) 沿着走廊全是一间接一间的 KTV 包房，里边不时传出一声高一声低的滑腔走调的歌声和男人女人的嘻笑。

(37) 高原的天气一会儿热一会儿冷，他很不适应。

(38) 闪动着的火光映着她的脸，一时红一时白地变化着脸色，红的时候看来就像是个婷羞的仙子，白的时候看来就如幽灵。

(39) 寂静的楼道里传来了一阵急一阵缓的脚步声。

上述实例中例(34)—例(36)中的量词是动量词。例(37)—例(39)中的量词是时量词。“一量 A_1 一量 A_2”构式在例(34)、例(37)中充当谓语，在例(35)、例(37)中充当状语，在例(36)、例(38)中带“的”充当定语。

此类构式与“A_1 一量 A_2 一量”在句法、语义上具有对应关系，所以上述实例中的“一量 A_1 一量 A_2”一般都可以变换为“A_1 一量 A_2 一量”，形式上倒序了，语义上基本没有差别。究其原因，无论“A_1 一量 A_2 一量”还是“一量 A_1 一量 A_2”，都是一个整体构式，是一个表述单元，它的外部功能应该没有太大差异。至于“一量 A_1 一量 A_2”中“一量”的指代属性，我们在上文(4.2.3.2)已有过阐述，在此不再赘述。

4.2.4.2　量词为物量词

当该构式中的量词是物量词时，与“A_1 一量 A_2 一量”不对应，其句法语义特征差异较大。试比较：

(40) 瞧你买的肉，肥一块瘦一块的，不好。

(41) 瞧你买的肉，一块肥一块瘦，不好。

例(40)与例(41)中的两个“块”意思有差别：例(40)中“块”是完整的“块”，例中两个“一块”分别指代两块肉，说话人认为“不好”处理；“肥一块瘦一块的”是描写性谓语，后边的“的”表明前边是个整体“语块”。例(41)就不一样，量词“块”可能指同一个实体的某些部分，比如只有一块肉，上面一坨肥、一坨瘦，肥的肥，瘦的瘦，交错分布不匀称，说话人认为肉质“不好”；“一块肥一块瘦”是陈述性谓语，后边一般不加“的”，两个“一量 A”中间可以有停顿。

那么为什么量词为动量词或时量词时，“一量 A_1 一量 A_2”变换为“A_1 一量 A_2 一量”，形式上倒序了，语义上基本没有差别。而量词为物量词时，“一量 A_1 一量 A_2”变换为“A_1 一量 A_2 一量”，形式上倒序了，语义上就有较大差别呢？这跟物量词本身的属性以及指代功能有关。上文(4.2.3.1)在分析“一量”的属性时指出过：不论量词是物量词、动量词或时量词，“一量”都具有“体词性”，但蕴含的时间因素有差异。“一量$_{(时)}$”直接指代某个人为规约的时间段；“一量$_{(动)}$”指代某个具有内在终止点的事件，蕴含了事件所延续的时间段；“一量$_{(物)}$”隐退了时间因素，实际上属于“固化”了的时间。也就是说“一量$_{(物)}$”的时间因素隐退了，“体词性”最强，自然“指代性”也最强。因此，“一量$_{(物)}$”一旦置于 A 之前，“一量$_{(物)}$”潜在的“体词性”和“指代性”被激活，“一量$_{(物)}$ + A”的语序变换直接导致句法结构的变换，是一种主谓关系。这时两个“一量”短语“实指”某个对象，“一量 A_1 一量 A_2”构式的整体性被瓦解，话语功能也从描写性转变为陈述性。所以此类“一量 A_1 一量 A_2”往往表现为“总分式复指”构式(详见 3.1.1)。例如：

(42) 还没等她开口，我马上发现了她的一点可爱，她居然有两个浅浅的酒窝，一边深，一边浅，轻笑之间，为她平添了几分姿色。

(43) 工地旁有两眼井，一眼深，一眼浅。

(44) 桌上的两本博士论文，一本厚，一本薄。

(45) 船将近岛，郭靖已闻到海风中夹着扑鼻花香，远远望去，岛上郁郁葱葱，一团绿，一团红，一团黄，一团紫，端的是繁花似锦。

“总分式复指”构式的分说项不限于两项，可以延伸，如例(45)中“一团绿，一团红，一团黄，一团紫”。

4.2.5　扩展构式“X_1 一量 X_2 一量”

4.2.5.1　“X_1 一量 X_2 一量”

以形容词为核心的“A_1 一量 A_2 一量”是“X_1 一量 X_2 一量”中的典型构式，但作为构式能产性的体现，其中核心成分扩展到其他实词类范畴，形成扩展构式“X_1 一量 X_2 一量”。主要有四类：

1. 方位词：左一个右一个、东一堆西一堆、前一拨后一拨
2. 指代词：你一句我一句、你一口我一口、这一下那一下
3. 名　词：风一阵雨一阵、牛一群马一群、屎一把尿一把
4. 动　词：拖一片挂一片、说一下尝一下、有一搭无一搭

“X_1 一量 X_2 一量”构式中的量词，可以分为三类：

1. 物量词：块、句、丛、把、个、吨、餐
2. 动量词：趟、下、声、脚、腿
3. 时量词：阵、时、天

“X_1一量 X_2一量”构式前后两部分的位序大多是固定的，一般不互换位置。如“东一个西一个”、“长一声短一声”、“你一拳我一脚”，我们通常不说成“西一个东一个”“短一声长一声”、“我一拳你一脚”。这是因为人们在说话时，习惯上两个 X 的前后次序有一定的规约性，如“东张西望”、“长吁短叹”、“你来我往”等。这种现象可以称为“习惯主序”，具有心理现实性。

“X_1一量 X_2一量”作为一个并列式短语，可以独立成句。独立成句的“X_1一量 X_2一量”用在两种语境中，一种是直接陈述对象的行为，这时“X_1一量 X_2一量”一般出现在陈述对象后，有时也出现在陈述对象前，但都带有谓词性。例如：

(46) 只见瓦耳拉齐跳起身来，左一腿右一腿，双腿鸳鸯连环，都踢中在计老人身上。

(47) 喝一阵唱一阵，大家都醉了，我的兴致很好，歌也唱得特别响亮。

另一种是独立成句，“X_1一量 X_2一量”主要是对上文所述内容的进一步补述或是一个综述，下文再进一步详述。例如：

(48) 可馨见到爱晚腿上尽是鸡毛掸子抽打的旧印新伤，青一块紫一块，便偷偷告诉母亲，母亲气得拿起电话就向爱晚的父亲问罪。

(49) 父母早亡，从小跟着响器班子拍小钹，饥一顿饱一顿，吃两天大酒大肉，喝两天黄菜叶子稀粥。

“X_1一量 X_2一量”充当句子成分时，经常作谓语、定语、状语，有时也作补语。例如：

(50) 你怎么了？风一阵雨一阵的？你要叫孩子跟你睡马厩，吃冷饭吗？

(51) 他听着大家你一句我一句的议论，始终不吭声。

(52) 大家有一搭没一搭地听着那位茶话会主持者致辞，悠闲自在地吃着桌子上的各种糖点小吃。

(53) 王副乡长正蹲在地上拾掇自行车，零件拆得东一摊西一摊的，一盆水里还泡着破破烂烂的一根车胎。

4.2.5.2　构式意义分析

“X_1一量 X_2一量”构式中的两个 X 在语义上有联系，表现为两类情况：一种情况是趋同对照。两个 X 之间的语义关系往往是类义关系，而且语义指向相同，如“风一阵雨一阵”、“拖一片挂一片”等，它们对照的目的是强调两者的共性，比较容易理解。另一种情况是趋反对照。两个 X 之间的语义关系既包括意义相反的

"有—无"、"长—短"等,也包括意义相对的"东—西"、"你—我"等,它们对照的目的是突出两者的差异,值得关注。当两个 X 的语义关系趋反对照时,"X_1一量 X_2一量"主要表示两种意义:当"一量"是物量词时表示散乱而不集中,是一种空间关照。例如:

(54) 房间乱糟糟的,地上东一堆西一堆全是打开的书,看来他的论文到了冲刺阶段。

(55) 山顶上原有一座松林,在这次打仗时都被砍掉了,现在只剩下东一丛西一丛的矮树和荆棘。

当"一量"是动量词或时量词时表示两种相反或相对的行为、状态反复交替出现,是一种时间关照。例如:

(56) 俺被抓走了,娘挨了那么一个窝脚,当场就吐了一大滩血,几天里,吐血不止,昏一阵醒一阵,可还一天到晚喊着俺的小名。

(57) 我们就这样你一口我一口地喝着酒,摇摇晃晃地听任马车把我们带向远方。

上面两种"X_1一量 X_2一量"虽然表达的意思不同,但其构式义却有一个共同点,即先通过两个 X 的对比,突出两者之间的对立,然后再附加数量短语,把对比产生的含义凝聚起来,整合成特定的构式义。

至于"X_1一量 X_2一量"中"一量"的指代属性,可参照上文(4.2.3.2)对"A_1一量 A_2一量"中"一量"指代属性的分析,这里不再赘述。

4.3 "一量"述谓构式的数量指代

"NP+一量"构式即"傻瓜一个"之类,其中"一个"是非真值义用法,表示某个"类"。该构式极有特点,学界早已有所关注,学者们都提出了自己的观点和见解。比如吴锡根(1991)讨论了在一些特定条件下,物量短语后置的条件。刘劼生(1998)从内部结构关系、表达效果对"名+数量"格式进行了分析,并从构成和功能两个方面对"名+数量"和"数量+名"的对应格式进行了比较,侧重说明"名+数量"格式的特点。储泽祥(2001)从信息焦点入手,揭示了此类格式的语用含义,认为这种构式的使用动因在句法之外,是说话者为强调不同信息所采取的表达方式,对于"NP+一量"构式中 NP 的限制也提出了自己的看法,认为 NP 一般为表示消极义的基本层次范畴的名词。钟明荣、谢双园(2006)从语义角度对"名+数量"构式作了探讨,指出处于基本层次范畴两端的名词都可以进入该格式。安亚玲(2007)侧重该构式的表义特点和句法功能,对此进行了较为详细的讨论。张则顺、丁崇明(2009)研究了"NP+一量"构式的语义限制及其句法功能。下面我们在学界现有研究成果的基础上，立足构式语法理论，对“一量”述谓构式的指代功能加以进一步的探讨。

4.3.1 “NP＋一量”的构式特征及其功能

现代汉语中数量短语与名词短语组合的语序，以数量短语位于名词短语之前为主，所以“数量＋名”是无标记项，“名＋数量”是有标记项。有关现代汉语中“名＋数量”问题，储泽祥(2001)已经有了相当细致的描写。他把“名＋数量”格式分成基本的两类：一类是数词不限于“一”，重在陈述事实的；一类是数词限于“一”，重在判定评价的。对于前一类现象，我们在3.4中已经讨论过，本章集中讨论后一类格式。

4.3.1.1 “NP＋一量”的语义限制

数词为“一”的“名＋数量”格式又可分为两种情况：一种是对事物的判定评价，一种是对人的评价。对事物的判定评价，只限于“小菜一碟”、“铁板一块”、“死路一条”等几种有限的凝固说法。对人的判定评价相对来说较为开放，如“光棍一条”、“傻瓜一个”、“无赖一个”、“小男人一个”等，以“NP＋一个”居多。

储泽祥(2001)认为，数词限于“一”的“NP＋一量”，NP一般是低于“基本层次范畴”的词语。总是把它所判定或评价的对象往小里、差里、坏里说，至少也是表现所述对象的不足，带有较强的感情色彩。王长武(2004)则提出，“NP＋一量”格式中的NP并非都是低于基本层次范畴的词语，也存在褒扬和正面评价的。笔者认为，就原型性来说，“NP＋一量”中的NP确实是表消极义的，但当“NP＋一量”构式定型、成熟了，作为构式的能产性(表现为“开放性”)，部分表积极义的名词也能进入该构式。最常见、开放性的“NP＋一量”中，NP通常具有[＋人]的语义特征，但并不是所有的指人NP都能进入这一格式。根据语料分析，能进入该构式的主要有以下四种类型的NP：

1. 专有形象类

此类名词语主要是社会上或文学作品中的典型形象。例如：

林妹妹、诸葛亮、猪八戒、唐僧、阿Q、雷锋

此类名词虽然是专有名词，但不再表示具体的人，由专指变为类指。进入“NP＋一量”格式的专有名词须具备[＋类指][＋显著]的语义特征，越是具有个性及典型性，就越有可能进入“NP＋一量”构式。例如：

(1) 你倒是挺会自我安慰的，真是阿Q一个。

2. 职业称谓类

此类名词语除少数几个如“杀手、枪手、老鸨”等特殊职业称谓类名词可以直接进入“NP＋一量”格式以外，一般职业称谓名词进入该格式需要添加一个表示判定

评价的形容词，使该名词的语义特征得到凸显才可以进入该格式。前加的形容词通常是单音节的，特定的职业前加特定的形容词，往往具有社会规约性，属于惯常搭配。可以分为两组：

a. 穷教师、穷学生、臭警察、小职员

b. 大医生、大明星、大商人、大律师

两组职业称谓名词前加形容词之后都带有强烈的主观感情色彩，a组NP有把职业往小处、差处、地位低处说的倾向，带有[＋ 指小]的主观特征；相反，b组NP有把职业往大处、好处、地位高处说的倾向，带有[＋ 指大]的主观特征。例如：

(2) 坐在去碱场的交通车里，有人说我是猪八戒挎腰刀，邋遢兵一个。

(3) 如今他大干部一个，怎会在乎那一点小事呢？

3. 身份地位类

此类名词语可分为不具层级序列的和具有层级序列的两类。例如：

a. 大男人、大丈夫、小女子、弱女子、阔太太、千金小姐
大富豪、大红人、大名人、富婆、大款、大腕、大老爷
款爷、台柱、草民、普通群众、平头百姓、家庭妇女

b. 省长、市长、县长、乡长、村长
教授、副教授、讲师、助教
博士、硕士、本科生、专科生、高中生

上述a类身份地位类名词不具有层级序列，有的凸显家庭地位的高低，有的凸显社会地位的高低。b类身份地位类名词具有层级序列，NP通常表示职务、职称、学位等等。一般说来，处于序列末端的地位名词进入"NP＋一量"的可能性最大，如"村长一个"，说话人明显带有轻视的语气，此时NP有[＋ 指小]的主观色彩。处于序列前端的地位名词也并非不能进入该格式，但往往要在其前面加一个形容词，如"大教授一个"，此时NP带有[＋指大]的主观色彩。处于序列中间的地位名词，随着说话人主观感情的不同分别带有[＋ 指大]或[＋ 指小]的主观色彩，在一定的语境中也可以进入该格式，但可能性要小于系列两端的名词。例如：

(4) 你不过就是县长一个，得意什么呀？

4. 人物属性类

此类名词语具体可分为下面四类：

a. 大美女、大帅哥、铁娘子、铁人、能人、达人

b. 小兵、小老百姓、小学生、小媳妇、老实人、老朽

c. 光棍、单身汉、王老五、孤家寡人、单身贵族、光杆司令

d. 草包、小气鬼、傻瓜蛋、和事佬、黄脸婆、花花公子、书呆子

a组带有[+ 指大]的语义特征,b组带有[+ 指小]的语义特征,c组专指[+单身]的语义特征,d组带有[+ 贬义]的语义特征。其中d组NP数量最多,出现频率也最高,包括了各种贬义语素如"鬼、傻、佬、蛋、棍、狂、婆、精、货、霸、皮、痞、贼、迷、球、坯子、崽子"等。例如:

(5) 周杰伦帅哥一个,实在太酷了。

(6) 人家是当官的,咱不过是小老百姓一个,他哪能瞧上咱啊?

(7) 你就这花花公子一个,就会抄着手满街打转,再找两个老百姓吼上两吼。

(8) 赵刺猬是土鳖一个,成不了大气候,跟着他有什么意思?

4.3.1.2 "NP+一量"的句法功能

"NP+一量"通过变换语序的方式,表达了"某人是NP这类人当中典型的一个"的构式义。能够进入该格式的NP都具有[+ 指人][+ 显著]的语义特征,这和"NP+一量"的构式义是匹配的,可以说是双向选择的结果。"NP+一量"最主要的句法功能是充当句子的谓语(参见上文所举例),之所以经常作句子的谓语,是因为NP某方面突出的特点在会话语境中得到了激活,使"NP+一量"构式具有了一定的描写性。例如:

(9) 是么,一个个酸得不得了,其实统统憨包一个。

上例中"憨包一个"就简洁、生动地表现出一个人"傻气、痴呆、不通人情世故"等特点。

"NP+一量"也能充当宾语,但谓语动词一般为"是"、"成了"等少数几个表评价判断的关系动词。例如:

(10) 二十年前他还是小毛孩一个。

其实表评价判断的关系动词同英语中的to be相仿,to be+adj.属于"系表结构",整体功能相当于谓语,而且这类表评价判断的关系动词在口语中还能隐去,用提顿这个零形式来替换,如"他么,小毛孩一个",这样"小毛孩一个"就成了地道的谓语。

"NP+一量"构式也能充当定语,但出现频率很低。例如:

(11) 得知情况的江振宏多次到张茇林家蹲守,但光棍一条的张茇林似乎象空气一样蒸发了。

可见,"N P+一量"构式主要充当谓语、判断性宾语,作定语时受到一定限制。语料表明"N P+一量"结构一般不作主语,也不作状语和补语。这说明它的话语功能主要是体现说话人的主观评述。

4.3.2 “NP＋一量”的语义焦点及其成因

关于“NP＋一量”的语义焦点问题，学者们讨论颇多。储泽祥(2001)，徐烈炯、刘丹青(1998)，耿庆强(2010)等，均倾向于把“NP＋一量”中的 NP 归入对比焦点。比如储泽祥(2001)认为，数量限于“一”而且有时模糊不清，所以重点在评判名词所代表的人或事物 NP 的属性或类别。现代汉语“名＋一量”语序成因主要是语用功能的需要，说话人遵循相似性原则，先说出新的主要信息 NP，凸显焦点，是说话人心理概念结构的映射。

温锁林、范群(2006)，张则顺、丁崇明(2009)等学者对此持不同意见。他们认为，“名＋数量”是“数量＋名”语序变换形式的一种有标记的自然焦点。从焦点的标记来看，是非常规的语序，因为有标记的自然焦点比无标记的自然焦点更能引起听话人的注意，重音也比没有标记的自然焦点强一些。“NP＋一量”构式中凸显的部分是 NP，“一量”的数量意义已经非常虚化，不是焦点凸显部分。钟明荣、谢双园(2006)虽然没有直接说明“NP＋一量”构式的焦点类型，但是它们的论证也认为 NP 是构式的焦点。他们认为，能进入“NP＋一量”构式的名词在语义上有一个明显的特点，它们一般很少使用其本义，大多使用其联想意义，即词语的文化意义。他们还认为，联想意义和理性意义相比，有一个很明显的特点就是不明确、不开放、不稳定，所以需要“一量”来衬托。

上述对“NP＋一量”语义焦点的两种解释虽然不同，有的归为对比焦点，有的归为自然焦点，但有一点是一致的，即他们都把“NP＋一量”的焦点落实到 NP 上。笔者认为，以上各位学者的论断都存在一个问题，那就是“NP＋数量”构式的语序自古已有，而且“数量”一直占据语义焦点的位置，我们都没有任何异议，为何数词为“一”时，焦点就产生了突变呢？这是需要加以澄清并解释的一个核心问题。

4.3.2.1 NP 的语义倾向与构式的评价取向

我们首先来具体分析一下“NP＋数量”构式中 NP 的语义倾向与构式的评价取向之间的关系。我们发现，进入该构式的 NP 大多是消极义名词，如“草包、小气鬼、傻瓜蛋、和事佬、黄脸婆、花花公子、书呆子”等。不过，在“NP＋一量”构式中，部分积极义名词也能进入。例如：

(12) 省商贸厅在惊喜之后，认定这个小伙子是良驹一匹，可成大器，特批给他进出口权。

(13) 如今县城的烈士陵园里还有他的照片，鹰一般的眼睛，又黑又长的眉毛，俨然铁骨铮铮的好汉一条。

(14) 这女孩在本科时就是大美女一个，追她的男生可不少。

(15) 不管怎么说，机关政务公开，好事一桩，功不可没。

上述实例中的“良驹”、“好汉”、“大美女”、“好事”都是偏正式结构，修饰成分“良”、“帅”、“好”、“大”、“美”都是积极义形容词，这就决定了整个短语或词的语义倾向。NP进入“NP+一量”构式后，整个构式仍然表示积极的评价取向。

但是，有两类现象很值得注意。其一，含有积极义的NP进入“NP+一量”构式不一定表示积极的评价取向。例如：

(16) 这些女孩，别看她们长着俏脸一张，其实什么也不会做。

(17) 人家可是大博士一个，我高攀不上。

(18) 你是女强人一个，怎么会顾念到我们普通男人的感受？

上述实例中“俏脸”、“大博士”、“女强人”无疑都是表积极义名词，但是进入构式后表示的评价取向却是消极的，可以说这是“欲抑先扬”的话语表达手段。例(16)在说话人看来，长着俏脸的人却什么也不会做，那就是一个花瓶，好看不中用；例(17)中大博士固然学历高，但说话人不屑与之攀关系。例(18)中承认对方是女强人，却又指责她不会顾念男人的感受。上述用例的话语表述一扬一抑，明显地表现出说话人对评价对象的消极语用取向。

其二，含有中性义的NP进入“NP+一量”构式通常也表示消极的评价取向。例如：

(19) 你不过是助教一个，得意什么呀！

(20) 而我混了那么多年，还是撰稿人一个。

(21) 那时我老百姓一个，你们哪个城里小姐会爱我？

上述“助教”、“撰稿人”、“老百姓”这些词本身不带有任何语义倾向，属于中性的，但是在“NP+一量”构式中的评价取向却倾向于消极义。因此，NP本身的语义倾向与“NP+一量”构式的评价取向有一定的关联，却没有必然的关联，整个构式的评价取向是语用义的表现，归根结底取决于说话人对特定情境的特定“识解”(construal)。

初玉(2012)在考察“NP+一量”构式时，曾对收集到的典型的100个不重复的实例进行了统计，NP的语义倾向与“NP+一量”构式的评价取向呈现如下的比例关系：

构式评价取向 / NP语义倾向	消极义	积极义	总　数
中性词语	13	0	13
积极义词语	12	10	22
消极义词语	65	0	65
总　数	90	10	100
比　例	90%	15%	100%

以上统计表明：进入“NP＋一量”构式的NP大部分含有消极义语义倾向，而含有积极义语义倾向的只有22个；含有消极义语义倾向的NP以及含有中性语义倾向的NP进入“NP＋一量”构式，无一例外都表示消极义评价取向；含有积极义语义倾向的NP进入“NP＋一量”构式不一定表达积极义评价取向，其中有12例表达消极义评价取向；100个实例中表消极义评价取向的占到85%。通过以上分析可以发现，NP的语义倾向和“NP＋一量”构式的评价取向不存在必然关系，而表消极义评价取向是“NP＋一量”构式的主要的、基本的话语功能。

4.3.2.2 构式的语义焦点与构式的产生动因

相关文献显示，不少学者都意识到“一”的语义在构式中已经虚化，但却没有深究“一”的虚化义，虚化义本身就是一种语法意义，承担的是一种语法功能。“一”的原型义是“最小自然数、正整数”，“最小”的原型义在一定的语境中会衍生出“微小、低微”的意思，这是由数量域的“小量”到感情域的“小量”的隐喻映射过程。

从共时角度看，这个表非真值义的“一”的作用不可小觑。一方面，在“NP＋一量”构式中，NP和量词都是“变量”，唯一不变的只有“一”。NP可以是消极义、中性义以及积极义的词语，可以进入该构式的量词也不局限于“个”，如“醉鬼一群”、“小菜一碟”、“垃圾一堆”，且该构式中的“一”一定不能省略。这些都可以证明“一”是构式“NP＋一量”的核心构件。另一方面，“一”发挥“言小、言微”的语义特征在其他构式中也有体现，比如“整个＋一(量)＋ NP”构式(如“整个一个傻瓜”)。事实表明，“整个＋一(量)＋ NP”格式的语用情况与“NP＋一量”格式类似，证明“NP＋一量”构式不是一个孤立的现象，其中表非真值义的“一”是此类构式得以成立的重要理据之一。

从历时角度来看，“NP＋数量”构式到表示数量的“NP＋一量”构式到凸显属性的“NP＋一量”构式是一脉相承的。如果说NP的语义倾向是构式评价取向导致的动因，那么历史上一定存在一个只有贬义NP才能进入该构式的阶段，这样构式义才能“固化”下来。事实上，我们发现“NP＋数量”中“数量”早在上古时期就已存在虚化的用法，不仅可以用于计量也可以用于描写，而且无论用于何种功能，“数量”都是语义焦点。例如：

(22) 田邑千畛，人阜昌只。(《楚辞·大招》)

(23) 长人千仞，惟魂是索。(《楚辞·招魂》)

上例“千畛”、“千仞”中的“千”显然不是确数，是个模糊量，极言其多；而“NP＋一量”格式中“一”也不表真值义，是最小量，极言其少。这种语义上的对立和转换在认知上具有心理现实性，可以说上古的此类用法可以看作是“NP＋一量”构式产生、发展的滥觞。因此，如果要勾勒出“NP＋一量”构式的演化路径，合理的推断是：

表真值义数量的“NP＋数量”

→表真值义“小量”的“NP＋一量”

→表情感义“小量”的“NP＋一量”

上述轨迹隐含了“一量”的演化路径：表真值义“小量”→ 表感情义“小量”。现代汉语中“NP＋一量”构式中的 NP 大多数是消极义词语和构式主要倾向于表达消极义的评价取向，都是由于“一”的虚化导致的。因此，我们认为“NP＋一量”构式中的语义焦点显然是“一量”，从句法语义来看是自然焦点，从语用功能来看是对比焦点。

4.3.3　述谓性“一量”的指代缺失及其理据

事实表明，“NP＋一量”构式中的“一量”虽然还是一个数量形式，由于它作为述谓性成分，陈述的是主语 NP 的类属性，本身的指代功能弱化乃至消失了。为了说明这一点，我们借鉴初玉(2012)对“NP＋一量”构式成因的分析加以解释。

初玉(2012)主要立足 Goldberg 的构式语法理论来分析的，她认为基于 Goldberg 对构式的定义，“NP＋一量”是以数量短语的形式凸显事物属性的典型构式。构式语法理论认为一种语言中的构式会形成一个由承继理据联系起来的网络，一个具体构式以这种承继关系为存在的理据。Lakoff(1978)给出的“理据性”定义是：“如果一个构式的结构是从语言中其他构式承继的，则该构式的存在具有理据性。”译者吴海波(2007)对这个定义作了解释：“如果构式 A 以构式 B 为基础，那么构式 A 承继构式 B 的所有与其自身不矛盾的特征”。基于上述观点，初玉给出了“NP＋数量”→“NP＋一量”的理据性承继的解释(笔者略作调整)：

NP＋数量

(“数量”陈述 NP 的数量)

例：纸三张

↓

NP＋一量

(“一量”显示 NP 为真值义“小量”)

例：纸一张

↓

NP＋一量

(“一量”凸显 NP 的消极属性)

例：废纸一张

依据上述推导，构式之间的承继理据是“一量”的真值义语义虚化和消极义功能演变。“一量”不仅是构式的语义焦点，还是消极评价取向的标志，也是构式义形成的动因。根据Gestalt心理学的解释,任何构式的表达都是一种"1+1>2"的完形效应。落实到"NP+一量"构式,"一"的"指小、言微"的虚化义和NP的消极语义双向互动,凸显了构式义及其话语功能。此外,该构式中最常出现的个体量词是"个",在指人时有不尊重、轻视的意味,也强化了构式义。笔者认为初玉的解释是合理的。

本书第三章在讨论表真值义数量短语的指代功能时,曾专门阐述与"NP+一量"相关的"NP+数量"构式,并分析了"数量"的指代属性。笔者指出,当数量短语前置于名词时,由于名词承担了指称功能,数量短语潜在的指代功能没有被激活的分布环境,体现的只是修饰功能。只有当数量短语与所修饰的中心语分裂,数量短语单独充当主语、宾语或兼语时,句法位置的指称属性由数量短语承担,并通过语义链回指移位或蕴含的原中心语。当数量短语后置于名词时,整个结构变换为主谓关系,数量短语占据了谓语的位置。谓语位置不是指称性的,而是陈述性的,所以数量短语主要承担陈述功能。谓语位置上的数量短语的陈述功能强化了,其指代功能必然弱化了(详见3.4.3)。

如果上述分析是合理的,那么"NP+一量"中"一量"的指代功能基本上就消失了。"一量"指代功能缺失是"NP+一量"构式进一步语法化以及"一量"语义相对虚化的必然结果。该构式一般不独立成句,处在描写性句法位置(复句中的分句或单句中的谓语、判断性宾语以及定语),描述"主体"的消极属性,表达的是一种"类"的评价,如"傻瓜一个"的意思是说"某人属于傻瓜一类"。因此,"NP+一量"是作为一个整体实现描写功能的,其中的"一量"没有独立性,也完全不表示数量义,体现的是情感义(消极评价),因而也就谈不上什么指代功能了。

4.4 递进性差比构式的数量指代

现代汉语中"一量比一量+VP"是一种很有特点的典型构式,学界对此已有所关注,如项开喜(1993)、刘焱(2004)、许国萍(2007)等都从差比范畴的角度进行了一些有益的探索。吴为善(2011)立足构式语法的观点,将该构式细分为A、B、C、D四种变式,进行了详尽的描写和解释。下面笔者借鉴上述研究成果,着重对该构式中"一量"的指代功能加以说明并给出合理的解释。

4.4.1 递进性差比义构式

4.4.1.1 现代汉语中有一类很常见、很能产的句子,句法形式为"一量比一量+VP",其中"一量比一量"是状语,VP为谓词性中心语(动词或形容词)。此类句子可以定性为"递进性差比义"构式,典型实例如下:

(1) 在争创一流社会治安的三年中,一个覆盖苏州全市的群防群治网络,一年比一年缜密，一月比一月完善。

(2) 鬼子的新一轮大扫荡又开始了，形势一阵比一阵紧张，战斗一次比一次残酷！

(3) 翻山越岭不说，还要爬有名的七十二道拐，山坡一座比一座陡峭，道路一条比一条崎岖。

上例显示构式中的数量短语“一量”中的量词可以是时量(如例(1))、动量(如例(2))，也可以是物量(如例(3))。构式中的 VP 主要是性质形容词，也可以是动词性短语。

4.4.1.2 “一量比一量＋VP”之所以定性为递进性差比构式，主要因为此类构式具有如下两个特征：

1. 构式中的“一量”具有指代性，指代篇章中句子话题或某些特定词语(某类个体集合)中的“某一量”。如例(1)中的“一年”、“一月”分别指代“争创一流社会治安的三年”中的“某一年”或“某一月”；例(2)中的“一阵”、“一次”分别指代“鬼子新一轮大扫荡”中的“某一阵时段”或“某一次战斗”；例(3)中的“一座”、“一条”分别指代“七十二道拐”中的“某一座山坡”或“某一条道路”。正因为“一量”具有指代性，表示“某一量”，蕴含了某类“一量”的个体集合，因而其中的“一”是非真值义的表数，不能用其他数词(如“二”、“三”)来替换。

2. 构式中有“比”字，显然是差比范畴的标志，但在该构式中不是表达单一的差比，而是某类集合成员之间的一种递进性差比。因为该构式都具有时间要素，构式表达的是差比对象(一量)在时间推移过程中“后一量”比“前一量”更“怎么样”。如例(1)直接以时段为差比对象，表达“一年比一年缜密”、“一月比一月完善”的递进性差比；例(2)以“形势(阶段)”和“战斗(频次)”为差比对象，表达随着时间推移“一阵比一阵紧张”和“一次比一次残酷”的递进性差比；例(3)以“山坡”和“道路”为差比对象，表达在攀爬“七十二道拐”的过程中(蕴涵时间推移)“一座比一座陡峭”和“一条比一条崎岖”的递进性差比。

4.4.1.3 现代汉语中的不少量词(包括时量词、动量词、物量词)都可以构成“一量”进入该构式，但使用频率不一样。我们依据郭先珍《现代汉语量词用法词典》(2002)列举的常用量词，在北京大学现代汉语语料库中对“一量比一量”构式进行了搜索，结果统计如下：

时量词		动量词		名量词	
天	466	次	161	个	140
年	248	场	52	层	9
日	20	阵	41	篇 幢	各 5

续 表

时量词		动量词		名量词	
		下	16	块辆排条	各3
		遍躺	各10	行只张架笔件	各2
		刀枪拳	各6	台根道颗棵口粒段批样	各1
合计	734		308		193

以上统计虽然带有一定的随机性，但有两个很明显的倾向：

第一，从出现频率来看，时量词＞动量词＞物量词。我们认为“递进性差比”以时间要素为基础，因此这个倾向具有逻辑上的合理性。

第二，在每一类量词中出现频率极其不平衡，总有一个量词在使用频率上远远超出其他同类量词，如“天”（时量词）、“次”（动量词）、“个”（物量词），这与量词的使用频率（如“天”）、功能泛化（如“次”）或意义泛化（如“个”）有极大关系。

为了便于讨论，本文以出现频率最高、具有代表性的“天”、“次”、“个”这三个量词作为考察对象，分别对“时量 → 动量”、“动量 → 物量”的构式演变加以考察，最后揭示“遍指性非差比义”构式。

4.4.2 时间序列：时量 → 动量

4.4.2.1 “一量比一量＋VP”构式中“一量”为时量的，以“一天比一天 VP”这个构式为代表，我们定为 A 式。典型实例如下：

(4) 你这个人，名气一天比一天大，酒量一天比一天小，真是！

(5) 从此母亲就更是不问朝政，只一心做她爱做的事了；这样小春红就一天比一天能干，母亲也就一天比一天糊涂。

(6) 他一天比一天壮实起来，却一天比一天迟钝起来，很难区分这一天与下一天。

(7) 打从腊月二十三小年起，街上集市里的人就一天比一天来得多，菜价也一天比一天抬得贵，大红的春联和鞭炮烟花铺满一条小街。

(8) 施工队从小到大，他们的技术一天比一天熟练，他们的实力一天比一天壮大，开始走出房山，走向高楼林立的大城市。

(9) 中国国际声誉一天比一天好，国际地位也一天比一天高，带动了美国主流社会对中国的尊重，华侨脸上也感到荣光。

此类构式中，递进性差比的结果是差比对象体现出来的某种“性状”的差异，因此构式中的 VP 往往是性质形容词（如例(4)、(5)、(8)、(9)中加着重号的词），或者动词性短语中包含性质形容词（如例(6)、例(7)述补结构中加着重号的词）。按照张国宪(2000)的论证，性质形容词表示的程度是一种“弥散量”，也就是说这类“性状”是无界的；而构式中的“一天”是时段，指代的是差比主体某个时段体现出来的“性状”。换句话说，在此类构式中，通过有界的时段“一天”来分割无界的“性状”，使之“有界化”，构成一个有界时段的个体集合。因此，在此类构式中，包含特定性状的时段“一天”直接成为差比对象，构成性状程度量的递进性差比，这里时间要素(有界时段的延续)凸显为“前景”信息。

4.4.2.2 “一量比一量＋VP”构式中“一量”为动量的，以“一次比一次 VP”这个构式为代表，我们定为 B 式。典型事例如下：

(10) 他先后几次搬家，住宅一次比一次豪华。

(11) 中国奥运健儿五度访港，战绩一次比一次丰硕，荣光一次比一次绚烂，这正是中国日益走向繁荣、强盛的真实。

(12) 在跳远比赛中，李端前三次试跳全都犯规，从第四次至第六次试跳，一次比一次跳得远，这是他在雅典获得的第二枚金牌。

(13) 三千、五千、一万，赌注下得一次比一次大，他把全身心都投入在那神奇莫测、变化多端的赌台上。

此类构式中，递进性差比的结果同样是差比对象体现出来的某种“性状”的差异，与 A 式相似，但构式中的时量“一天”被动量“一次”所替换。动量词表示的是行为动作的频次。在此类构式中，“一次”指代的是依次发生的系列事件这个集合中的“某一事件”。“事件”本身是有界的(时间上有起点和终点)，可以直接作为差比对象，不需要象 A 式那样用时段来分割无界性状。这样，依次发生的有界事件构成一个集合，“一次比一次 VP”表达依次发生的同类事件在某种“性状”上的递进性差异。因此，在此类构式中，必定有表示“频次”的词语作为个体集合的“标记”，如例(10)的“几次搬家”，例(11)的“五度访港”，例(12)的“从第四次至第六次试跳”，而例(13)的“三千、五千、一万”则是用所下赌注的数量来转指“频次”。但是一个“事件”在空间上的展开必定伴随时间的推移，而依次发生的同类事件更必须依赖时间的延伸，只不过在此类构式中，“一次”指称的事件直接成为差比对象，时间要素就成为“背景”信息了。

4.4.2.3 综上所述，“一量比一量＋VP”构式从时量(A 式)演变到动量(B 式)，表示“递进性差比”的构式义没有变，不同的是作为差比对象由“时段”(一天)变为“事件”(一次)。也就是说，在 A 式中无界的性状被时段分割成为差比对象，在 B 式中伴随时间推移的有界事件成为差比对象。可见，两者的差异是时间要素由“前景信息”退居为“背景信息”，这可以看作是该构式的“变异 1”。其中“一量”的指代关系可示意如下：

A 式：无界性状____________________

有界时段|1 天|1 天|1 天|1 天|1 天|(差比对象)

B 式：无界时间＿＿＿＿＿＿＿＿＿＿

有界事件|1 次|1 次|1 次|1 次|1 次|(差比对象)

4.4.3 非时间序列：动量 → 物量

4.4.3.1 根据上文分析，A 式和 B 式的差异关键是处理时间要素的方式不同：在 A 式中无界的性状被时段分割成为差比对象，时间要素凸显为前景信息；在 B 式中伴随时间推移的有界事件成为差比对象，时间要素处理为背景信息。然而，无论时间要素被凸显为前景信息，还是被处理为背景信息，时间要素是递进性差比构式得以成立的条件(参见项开喜，1993)，不但 A 式(时量)、B 式(动量)是这样，"一量"替换为"物量"的 C 式，也同样受其制约。"一量比一量＋VP"构式中"一量"为物量的，以"一个比一个 VP"这个构式为代表。典型实例如下：

(14) 从 1 年级到 4 年级，他换了 3 个书包，一个比一个大，让人感到"知识"的重量在增加。

(15) 大凤、二凤和小凤，三个女儿一个比一个小，梯子蹬似的。

(16) 那是8 个小时的长途车，全是山路，一会儿一个急转弯，一个比一个险。

(17) 已经启动或正在运筹的科技人才培养计划，一个比一个更宏大，一个比一个更具体。

此类构式中的"一量"为物量，指代有界实体，构成一个有界实体的集合作为差比对象，表达物体属性程度量的递进性差比，构式义与 A 式、B 式基本相似。值得关注的是构式中有界实体集合的成员互相之间形成的属性程度量的递进性差比，同样是时间序列导致的，因为上述实例都提供了时间要素的信息(加着重号的词语)。如例(14)"3 个书包"是一个集合，但"第 3 个比第 2 个大、第 2 个比第 1 个大"的递进性差比，是句中提供的"从 1 年级到 4 年级"这个信息导致的，其中蕴涵了与学阶同步的时间延续因素。例(15)"三个女儿"是一个集合，而"小凤比二凤小、二凤比大凤小"的递进性差比，是句中提供的"大凤、二凤、小凤"的名字序列导致的，而名字序列本身蕴涵了出生先后这个时间因素。例(16)中的"8 个小时"、例(17)中的时间副词"已经"、"正在"也提供了时间要素，可以类推。

4.4.3.2 作为自然的时间本没有什么"界限"，大大小小的"时段"是人为界定的，这些"时段"随着时间的推移形成某种"序列"。既然时间要素可以形成序列，那么其他具有量级差比的要素自然也可以构成序列，于是合理的推断是这些非时间因素的"量级序列"也可以进入"一量比一量＋VP"构式，表示某个集合成员之间的递进性差比，事实正是如此。例如：

(18) 中国队6日对日本,9日对哈萨克斯坦,10日对韩国,对手一个比一个强,而劲敌将在这之前就火并。

(19) 文渊阁、文华阁、保和殿大学士,级别没有变,但是地位一个比一个高,这个保和殿大学士地位是最高的。

(20) 天子九鼎,他要用九个鼎摆在一起,这九个鼎它不一样大,一个比一个小,叫列鼎。

(21) 水星1.52,木星5,土星9.54,这个数字有规律吗?没有规律,一个比一个大。

(22) 企业税收偷漏抗面80%;个人收入调节税偷逃面95%;比例一个比一个高。

上述例(18)说足球比赛,差比的是“对手”强弱的等级序列;例(19)说清代大学士,差比的是“地位”高低的等级序列;例(20)说皇宫的九鼎排列,差比的是象征权力等级的“列鼎”大小的等级序列;例(21)说宇宙行星,差比的是“数字”大小的等级序列;例(22)说税收偷、漏、抗、逃的现状,差比的是“比例”高低的等级序列。

4.4.3.3 上述非时间的“量级序列”分属于不同的范畴,从时间序列到这些非时间序列,是不同认知域之间的一种隐喻映射(metaphorical mapping),认知动因是“量级序列”这个相似点。从时间序列到非时间序列,可以看作是该构式的“变异2”。其中“一个”的指代关系示意如下:

C式$_1$:时间序列 ______________________

有界实体|1个|1个|1个|1个|1个|(差比对象)

C式$_2$:非时间序列 ____________________

有界实体|1个|1个|1个|1个|1个|(差比对象)

4.4.4 遍指性非差比义构式

4.4.4.1 根据上文论述,“递进性差比义”构式在演变过程中发生了一些变异:B式与A式相比,在时间要素的处理上发生了“变异1”;在C式内部时间序列演变为非时间序列,发生了“变异2”。相对而言,变异2> 变异1,但这两个变异都还属于“渐变”,因为这些变异没有改变“递进性差比”的构式义。而我们接下来要讨论的是构式的“变异3”,这是由“渐变”导致的“质变”,构式义从“递进性差比义”演变为“遍指性非差比义”,“一个比一个VP”的构式义表达的是在特定的实体集合中“个个都VP”的构式义,我们定为D式。典型实例如下:

(23) 代表团8日到达雅典后,运动员们都显得无比轻松,甚至一个比一个“酷”,一个比一个调皮。

(24) 摩登的小姐太太们一个比一个妖艳,一个比一个俏丽。

(25) 看一看海内外新闻媒体的标题,一个比一个耸人听闻。

(26) 冰雪的山峰矗立在夜空中,一个比一个高。

上述例句中打点的词语都代表某个实体集合,“一个比一个 VP”指“个个都 VP”。如例(23)“运动员们”是一个集合,“一个比一个酷”意思是“个个都酷”,“一个比一个调皮”意思是“个个都调皮”。余例可类推解读。

4.4.4.2 产生这种变异的根源在于表述中“量级序列”的缺失,构式一旦失去了“量级序列”的支撑,就直接导致了如下两个后果:

1. “一量”的指代发生了变异。表“递进性差比”的构式中,“一量”指“某一量”,是一种“确指”,指代在某个“量级序列”(时间序列或非时间序列)制约下某个集合中的某一成员,因而是确定的。在“一量比一量”中,前“一量”一定是相对处于序列的后者,而后“一量”一定是相对处于序列的前者,构式义表示“后者比前者更 VP”(详见上文分析)。而 D 式中由于“量级序列”的缺失,“一量”指“任一量”,是一种“任指”,“一量比一量”中前后两个“一量”都可以指某个集合中的任何一个成员,“一量比一量”是某个集合中所有成员互相之间的比较。比如“他们三个都很出色,一个比一个高明”,假设“他们三个”分别为 A、B、C。那么:A 比 B 高明,A 比 C 高明;B 比 A 高明,B 比 C 高明;C 比 A 高明,C 比 B 高明。由此产生的构式义就是“A、B、C 都高明”。

2. “比”的结果发生了变异。表“递进性差比”的构式中,由于某类“量级序列”(时间序列或非时间序列)的制约,“一量比一量”的比较结果是相对处于序列的后者比前者更 VP,这种“递进性差比”的结果具有逻辑真值义(与客观事实相符,详见上文分析)。而 D 式中由于“量级序列”的缺失,比较结果的“递进性差比”消失了。试比较下面实例:

(27) 这里出产的苹果品种特优,树上结满鲜红的苹果,一个比一个大。

(28) 七仙女都回来了,只见她们篮子里半青不熟的桃子,一个比一个小。

从逻辑语义上来分析,例(27)中“苹果”这个集合中“一个比一个大”,相对来说应该是“一个比一个小”;例(28)“桃子”这个集合中“一个比一个小”,相对来说应该是“一个比一个大”。但事实上逻辑语义上的后一种推论是不存在的,句子表达的实际意义是单一的,前者指苹果“个个都大”,而后者指桃子“个个都小”,也就是说比较的结果不具有逻辑真值义(参见项开喜,1993)。从语用上来分析,“一个比一个 VP”的预设是“个个都 VP”,VP 是语义上的“下限”,前者预设是确认苹果“大”(没有“小的”),后者预设是确认桃子“小”(没有“大的”)。这种“个个都 VP”的构式义是构式效应的体现,同时也可以窥见在 D 式中“比”的原型义已经虚化,从“实比”演化为“虚比”。

4.4.4.3 “一个比一个 VP”(D 式)的构式一旦确立,同类的物量词也就可以进入这个构式，并表示相同的构式义。例如：

(29) 现在满街跑的小汽车一辆比一辆豪华，想鹤立鸡群很不容易。

(30) 不是吹的，本人领带有七八条之多，而且一条比一条来劲，但我只在郊游时扎过三两次，平素日在办公室便放纵着脖子。

(31) 来到浦东陆家嘴金融中心，只见高楼林立，一幢比一幢漂亮，令人目不暇接。

(32) 毕竟是原始森林，到处是参天大树，盘根错节，一棵比一棵粗大。

4.4.5 “一量”的指代功能差异

Goldberg 的构式语法理论具有两重性：一方面她强调构式(C)的“形式(F_i)和意义(S_i)的某些方面不能从 C 的构成成分或其他先前已有的构式中得到完全预测”；另一方面她借鉴了 Lakoff 的观点，明确指出构式具有理据的可探索性(Goldberg，2007[1995])。Lakoff(1987)为语法中的“理据性”这一术语提供了一个准确的定义：“如果一个构式的结构是从语言中的其他构式承继的，则该构式的存在具有理据性。”在此基础上，他又提出了一条“最大理据性原则”：“如果构式 A 和构式 B 在句法上有联系，那么当构式 A 和构式 B 在语义上也存在一定程度的联系时，构式 A 系统的存在是有理据的。这种理据性是最大化的。”根据本文考察，“一量比一量＋VP”构式在演化过程中发生了变异，产生了 A、B、C、D 四种变式，它们之间具有某种承继性，符合“最大理据性原则”，概括如下：

A 式(时量)：一天比一天 VP(递进性差比)

⇩

B 式(动量)：一次比一次 VP(递进性差比)

⇩

C 式(物量)：一个比一个 VP(递进性差比)

⇩

D 式(物量)：一个比一个 VP(遍指性非差比)

在上述四个变式中，最值得关注的是表“遍指性非差比义”的 D 式，因为 D 式最能体现构式的效应。典型的“一量比一量＋VP”构式(A、B、C)都表达“递进性差比义”，语境中的“量级序列”从时间域映射到非时间域(如数量、形状、社会等认知域)；而 D 式发生了“质变”，表达“遍指性非差比义”，根源在于语境中“量级序列”的缺失。而“量级序列”的缺失直接导致了“一量”指代属性的变异。具体分析如下。

在 A、B、C 表“递进性差比义”构式中，“一量”指“某一量”，是一种“确指”，特指在某个“量级序列”(时间序列或非时间序列)制约下某个集合中的某一成员，因而是确定的。在“一量比一量”中，前“一量”一定是相对处于序列的后者，而后“一量”

一定是相对处于序列的前者，构式义表示“后者比前者更 VP”。正因为“一量”具有指代性，表示“某一量”，所以是一种“确指”；篇章中句子话题或某些特定词语（某类个体集合），对说话人来说是“实指”，对听话人来说是“定指”。总而言之，“一量”的指代性较强。而在 D 式中由于“量级序列”的缺失，构式义发生了变异，表示“遍指性非差比义”。“一量比一量” 是某个集合中所有成员互相之间的比较，前后两个“一量”都可以指某个集合中的任何一个成员，因而“一量”是一种“任指”。正因为“一量”是一种“任指”，所以篇章中句子话题或某些特定词语（某类个体集合），对说话人来说是一种“虚指”，对听话人来说是“不定指”。相对而言，“一量”的指代性较弱。

4.5 周遍义强调构式的数量指代

4.5.1 周遍义主语句的句法特征

陆俭明（1986）曾专门描写过周遍义主语句，周遍义主语句是指主语以一定形式强调其所指具有周遍义的一种主谓句。周遍义主语句有两种形式，一种是通过词汇手段形成的，如“任何干部都不能搞特殊化”，句子用具有任指作用的区别词“任何”来强调主语所指的周遍义；另一种是通过句法手段形成的，这一类更常见。该文将周遍义主语句分为三小类：A 类主语由含有表示任指的疑问代词的名词性成分所充当的周遍义主语句，如“什么人都可以进去看看”；B 类主语由数词为“一”的数量短语所充当的周遍义主语句，如：“一个人也不休息”；C 类主语由含有量词重叠形式的名词性成分所充当的周遍义主语句，如“家家都用上了煤气炉”（详见 2.2.2.2）。

其中 B 类与本节的探讨有关，此类周遍义主语句有一个明显的特点，即只有否定形式，没有肯定形式。如“一个人也不休息”没有相应的肯定形式，“一个人也休息”不合语法。从句法形式来看，谓语核心可能是不及物动词或形容词，也可能是及物动词，情况不一样。

1. 当谓语核心是不及物动词或形容词时，就是一般的主谓句，主语是“一量＋名”结构。例如：

(1) 一个人也不去。

(2) 一个战士都没有伤着。

(3) 一支笔都不好写。

(4) 一个房间也不干净。

其中“名”也可以是“的”字短语。例如：

(5) 一个会写会算的也没来。

(6) 一个聪明的也没有。

上述周遍义主语句，谓语动词都是不及物动词或形容词，命题被否定了，谓语部分一般都伴有“都/也”。

2. 当谓语核心为及物动词时，它的宾语如出现在动词后边，句子的合格度是有问题的，一般是将宾语移至句首充当“受事”主语，作为全句的话题。例如：

(11)？一个学生也不认得这些字。

→这些字一个学生也不认得。

(12)？一个孩子都不听他的话。

→他的话一个孩子都不听。

(13)？一个代表都不参加这个座谈会。

→这个座谈会一个代表都不参加。

(14)？一户人家都没搬进那个小区来。

→那个小区一户人家都没搬进来。

按照陆俭明(1986)的分析，上述两类周遍义主语句具有以下一些特征：

1. 一般主谓句的自然重音应该落在谓语上，而这些周遍义主语句的自然重音都落在主语上，准确地说都落在表示周遍义的那个词语的开头一个音节上。如“一个人也不去”，重音落在“一”上。

2. 一般主谓句既能在主语前加“是不是”，也能在主语后加“是不是”以形成反复问句，而这些周遍义主语句，只能在主语前加“是不是”，不能在主语后加“是不是”。例如：

一个人也不去。→是不是一个人也不去？

* 一个人是不是也不去？

3. 一般主谓句作为分句时，如要加关联词语，既可以加在主语前，也可以加在主语后，而这些周遍义主语句作为分句时，关联词语只能加在主语之前，不能加在主语之后。例如：

一盏灯也不亮。→因为一盏灯也不亮，所以……

* 一盏灯因为也不亮，所以……

4. 一般主谓句否定，否定词只能置于谓语之前，而这些周遍义主语句还有一种否定方式，就是将否定成分“没有”移至句中“一量＋名”前边，删去句中的“都/也”。例如：

(1’) 没有一个人去。

(2’) 没有一个战士伤着。

(11’) 这些字没有一个学生认得。

(12’) 他的话没有一个孩子听。

4.5.2 周遍义主语句的构式解析

上述周遍义主语句，当谓语核心是不及物动词或形容词时，经过一定的句法操作便变换成“一量＋都/也＋没/不＋VP”构式。条件是充当主语的“一量＋名”结构中“一量”与“名”分裂，其中“名”扩展成“定指”性成分（添加指量修饰成分），前移充当话题先行语，“一量”单独充当逻辑主语。例如上文例(1)—(6)的变换形式为：

(1’) 这些人一个也不去。

(2’) 这些战士一个都没有伤着。

(3’) 那些房间一个也不干净。

(4’) 那些笔一支都不好写。

上述实例中例(1’)—(4’)中将原来“一量＋名”中的“名”（人、战士、房间、笔）分别扩展成“定指”成分“这些人”、“这些战士”、“那些房间”、“那些笔”，前移充当全句的话题先行语，“一量”单独充当逻辑主语。由于谓语核心是不及物动词或形容词，“一量”的语义角色一定是“施事”。

上述周遍义主语句，当谓语核心是及物动词时，也可以进行类似的句法操作，变换成“一量＋都/也＋没/不＋VP”构式。具体分析有两种句法操作：一种是将原句前移的宾语成分作为全句的话题，原句中充当逻辑主语的“一量＋名”结构“一量”与“名”分裂，其中“名”扩展成“定指”性成分（添加指量修饰），前移充当次话题先行语，“一量”单独充当真正的逻辑主语。例如上文(4.5.1)例(11)—(14)的变换形式：

(11’) 这些字学生们一个也不认得。

(12’) 他的话那些孩子一个都不听。

(13’) 这个座谈会法定代表一个都不参加。

(14’) 那个小区购房的人家一户都没搬进来。

上述实例中例(11’)—(14’)将原来“一量＋名”中的“名”（学生、孩子、代表、人家）分别扩展成“定指”成分“学生们”、“那些孩子”、“法定代表”、“购房的人家”，前移充当次话题先行语，“一量”单独充当真正的逻辑主语。由于原句的“一量＋名”是主语成分，所以“一量”语义角色一定是“施事”。

另一种句法操作更常见，原句中充当前置宾语的“一量＋名”结构中的“一量”与“名”分裂，其中“名”扩展成“定指”性成分（添加指量修饰成分），出现在前一分句作为先行语，或在语义自足的情况下隐略了，"一量"单独充当逻辑主语。例如：

(15)（他闭着嘴不吭声），一句也不说。

(16)（他把那些汤药全倒了），一口都不喝。

(17)（他呆呆地看着那些篆文），一个也不识。

(18)（他把那些参考书都塞在箱子里），一本都没看。

上述例(15)中"一句"的先行语"话"，不说出来语义也是自足的，所以隐略了；例(16)中"一口"的先行语"汤药"、例(17)中"一个"的先行语"篆文"、例(18)中"一本"的先行语"参考书"都扩展成"定指"性成分（添加了指量成分"那些"），出现在前一个分句里充当先行语，"一量"在后一分句单独充当主语。由于原句的"一量＋名"是前置宾语成分，所以"一量"语义角色一定是"受事"。

值得注意的是，"一量"中的量词不一定是物量词，也可能是动量词或时量词。例如：

(19)（连续放映了好多新片，他忙着婚事），一次也没看过。

(20)（他很向往大上海），可一趟都没去过。

(21)（整个春节他都值班），连一天也没闲着。

(22)（读博三年他搞定三件大事），一年都没消停过。

上述例句"一量"中的量词都是动量词或时量词。量词属性不同，当然会导致语义上的差异。如例(19)、例(20)中的"一次"、"一趟"都是动量词，"一量"指代的不是实体，而是某个指称性类事件；由于后边核心谓词的提示，可以直接在"一量"后边补出名词性成分。如"一次新片也没有看过"、"一趟上海都没去过"，可见它们与"一量"为物量词的构式具有内在的关联性。例(21)、例(22)中的"一天"、"一年"是时量词，"一量"指代的也不是实体，而是"整个春节"和"读博三年"中的某个时段，但它们同样是被强调的成分，在句法上充当表示周遍义的主语。因此，这些例句与上文所举例句(15—18)在构式上具有同一性。综上所述，周遍义主语的强调构式可以码化为"一量＋都/也＋没/不＋VP"，其下位包括三个子构式：

1. 一量(物)＋ 都/也＋没/不＋VP
2. 一量(动)＋ 都/也＋没/不＋VP
3. 一量(时)＋ 都/也＋没/不＋VP

4.5.3　周遍义"一量"的指代功能

"一量＋都/也＋没/不＋VP"构式不但能产，而且表现力极强。从语用层面分析，构式的主语"一量"之所以能表示周遍义，主要是整个构式通过对最小量"一"的否定达到了全量否定的表述效果。事实上，此类构式使用频率很高，能产性也很强，以至于凝固而产生了一批成语。例如：

一尘不染　一成不变　一筹莫展　一辞莫赞

一丁不识　一毛不拔　一窍不通　一事无成

解析此类构式中“一量”的指代功能，颇有意思。“一量＋都/也＋没/不＋VP”构式中一个必不可少的“构件”是否定词“不”或“没”。一般来说，一个命题被否定了，所述事实就根本不存在，容易使人误解其中的“一量”是无所指代的。然而，事实恰好相反，这里涉及到两个相关问题：

其一，从语义上看，凡是否定都有一个否定辖域，在“一量 ＋都/也＋没/不＋VP”构式中，否定词“不”或“没”否定的辖域是 VP，而不是“一量”及其指代的“先行语”成分。例如：

a. 他的话那些孩子一个都不听。

b. 他把那些参考书都塞在箱子里，一本都没看。

上述 a 句“不”否定的是核心动词“听”，并没有否定“那些孩子”的存在，因此“一个”的回指也就有了客观依据；b 句“没”否定的是后一分句的核心动词“看”，无法管辖前一分句的命题，因此“那些参考书”是客观存在的，“一本”的回指也就有了着落。

其二，从语用上看，话语的命题确实被否定了，但“一量”的指代却并没有被否定。因为肯定与否属于逻辑语义层面，而源于“指称”的“指代”属于语用层面，两者没有必然联系。语用规律表明，话语中的命题可以被否定，但“预设”却无法被否定；而“指称”就属于“预设”范畴中的一类，称为“指称预设”，指的是话语中的某些指称性词语与现实语境中某个或某类实体、事件或时段的联系。例如：

a. 教练在体操房里。

b. 教练不在体操房里。

上述 a 句“教练在体操房里”存在两个指称预设，预设当时当地有“教练”和“体操房”；b 句“教练不在体操房里”将命题否定了，但事实上“教练”与“体操房”还是存在的，无法被否定。

因此，“一量＋都/也＋没/不＋VP”构式本身体现了否定性命题，但并不能否定语境中定指性“先行语”的客观存在，也就不能否定构式中“一量”的指代性。例如：

(23) 这些女孩一个也不漂亮。

(24) 他呆呆地看着那些篆文，一个也不识。

上述例句中含有“一量”的表述都是否定性命题，但例(23)中的“这些女孩”、例

(24)中“那些篆文”，对说话人来说这些指称对象(集合类)是现实语境中确实存在的，因而是“实指”。对听话人来说，例(23)中的“这些女孩”、例(24)中“那些篆文”都带有指量成分，显然是“定指”。但是这些例句中的“一个”通过语义链传递，分别回指句中或语境中的先行语“这些女孩”和“那些篆文”，“一量”指代的是这些集合中的任何一个成员，所以属于“任指”。

4.6 本章小结

非真值义数量短语指“一量”中的“一”不表真值义，它的表数功能弱化了，一般不能用其他数词来替换。此类“一量”大多出现在一些典型的构式中，成为重要的构件，对体现构式义有着重要的作用。本章探讨的非真值义数量短语的指代功能，是以含有非真值义“一量”的典型构式作为考察对象。主要涉及以下五类典型构式：

1. “一量”复叠构式：V_1一量 V_2一量
2. “一量”对举构式：X_1一量 X_2一量
3. “一量”述谓构式：NP＋一量
4. 递进性差比构式：一量比一量＋VP
5. 周遍性强调构式：一量＋都/也＋没 / 不＋VP

从数量短语的指代功能来看，这些典型构式中的“一量”在构式框架和构式义的制约下，指代功能有强弱之分。其中“V_1一量 V_2一量”、“一量比一量＋VP”、“一量＋都/也＋没/不＋VP”三个构式中的“一量”都表“任指”。由于指代的对象往往不确定，所以是一种“虚指”，但指代功能较强。而“X_1一量 X_2一量”构式及其变换构式“一量 X_1一量 X_2”中，“一量”是纯粹的“虚指”，指代的对象往往蕴含在语境中，所以指代功能很弱。至于“NP＋一量”构式中，由于“一量”在语义上表“某一类”，又直接充当谓语，述谓性很强，因此指代性几乎消失殆尽。

第五章　重叠式数量短语的指代功能

传统语法论著认为量词重叠表示“每一”，如吕叔湘(1954)、赵元任(1968)、朱德熙(1982)等都对此有所阐述。不少文献延续了该观点，有的虽表述不同，但观点相近，如陆俭明(1986)认为量词重叠表示“周遍”，石毓智(1996)认为量词重叠表示“遍指”。但是专门探讨量词重叠的文献普遍认为量词重叠不止表示这一种语法意义，如宋玉柱(1981)指出量词重叠可以表示“每一”、“多量”、“逐一”、“连绵”等多种意义，持类似观点的还有华玉明(1994)、李宇明(1998)、侯友兰(1998)、郭继懋(1999)等。

面对一个语法形式表示多个语法意义的不对称现象，学界采取了两种处理办法：一种处理是“分化”，如宋玉柱(1981)认为量词重叠的语法意义随着句法功能而变化，并没有统一的语法意义。大致说来，量词重叠在句子中的句法功能与其语法意义的关系可以分为四类：

1. 量词重叠作主语、部分主语里的定语、部分状语(由动量词充当的状语)时表示周遍意义；

2. 量词重叠作谓语、动词宾语里的定语、部分主语里的定语时表示“多量”的意义；

3. 量词重叠做部分状语(一部分由名量词充当的状语)时表示“逐一”的意义；

4. 量词重叠作部分状语(一部分由名量词充当的状语)时表示“连绵”的意义。

另一种处理是“合并”，如郭继懋(1999)认为量词重叠只表示一种概括的总语法意义：物体或事件的重复存在，上述多种意义只是这个总语法意义的语境变体。笔者认为，按照认知语法的临摹原则来看，量词形式上的重叠产生一种“量增”效应，是句法象似效应。至于在不同的句法位置表示不同语义，是“量增”效应的变体。因此，本文赞同郭继懋的基本观点。

量词重叠往往带上数词成为数量短语重叠，但数词限于不表真值义的“一”(表数功能弱化，一般不能用其他数词替换)。重叠的方式有四种：

AA 式：片片、条条、家家

一 AA 式：一个个、一本本、一阵阵

一 A 一 A 式：一封一封、一块一块、一幅一幅

一 A(X)一 A 式：一件又一件、一趟接一趟

5.1　重叠式数量短语的句法分布

重叠式数量短语可以充当各类句法成分。例如：

(1) 接受了初升的太阳的火焰，稻田里千百颗露珠，一粒粒成了红宝石。

(2) 这里那里，螺声阵阵，渔歌声声；近近远远，红旗飘飘，白帆点点；好一幅动人的渔乐图啊。

(3) 他伸手从树顶上扳了一根干枝子，撅成一节一节，攥在手里。

(4) 那是和尚在做晚课，一声一声敲他的磬。

(5) 河滩上的雪，被大风卷绞得一坨一坨的。

(6) 一件件衣服披上去，一只只勋章挂在胸。

(7) 他看见天上一群群的黑鸟，咿咿呀呀地叫着，向远远的一座破塔上飞去。

例(1)中"一粒粒"是句子的主语；例(2)中"阵阵"、"声声"、"点点"是句子的谓语；例(3)中"一节一节"是句子的宾语；例(4)中"一声一声"是句子的状语；例(5)中"一坨一坨"是句子的补语；例(6)中"一件件"、"一只只"是句子主语的定语；例(7)中"一群群"是句子宾语的定语。

值得说明的是，本文讨论的是数量短语的指代功能，而数量短语要派生出指代功能，前提条件是数量短语与其所限定的中心语分离。数量短语充当定语时，如例(6)、例(7)，由于紧邻中心语，只有限定功能，没有指代功能，所以不属于文本的考察对象。

5.1.1　主语位置的数量重叠

重叠式数量短语出现在句首充当主语，或充当主谓谓语句中的小主语，表示周遍义，在逻辑上属于全量范畴，也就是通常所谓的表"每一"。例如：

(8) 我从来不喜欢那些年轻人，一个一个都像书呆子。

(9) 一网捞上来，鱼儿还真不少，一条条活蹦乱跳。

(10) 一棵牡丹五个杈，一夜功夫，开出了十朵大花，朵朵都比碗口大。

(11) 侄儿们一个个都怕她，说她厉害。

(12) 他说的话一句一句都是无可辩驳的事实，而偏偏每个事实都令人感到刺心地难过。

(13) 房后面是一排刚刚高过房脊的木瓜树，树干棵棵都很粗壮，枝叶茂盛。

上述例(8)—例(10)是数量短语重叠作主语的句子,例(11)—例(13)是数量短语重叠在主谓谓语句中作小主语的句子,包含一A一A、一AA、AA各类重叠形式。主语的句法位置是指称性的,因此上述实例中的数量短语都是"一"和个体物量词的重叠形式,前边的分句或主谓谓语句的话题(大主语)都有数量短语指代的"先行语"。如例(8)中前移分句的宾语"那些年轻人"是"一个一个"回指的对象;例(11)中的话题(大主语)"侄儿们"是"一个个"回指的对象。余例可类推解读。此外,处于主语位置上的重叠式数量短语之所以能表示全量,凸显"每一",是因为句中往往有范围副词"都"与之共现,而表范围的副词"都"是逻辑语义的标记。

5.1.2 谓语位置的数量重叠

重叠式数量短语作谓语,表示"多量"或"连续不断"。例如:

(14) 这里野花簇簇,姹紫嫣红。

(15) 俯视山下,梯田一层层,新楼一排排,煞是气派。

(16) 月儿高高挂在天上,秋风阵阵,湖水浩荡。

(17) 这里那里,螺声阵阵,湖里湖外,渔歌声声。

上述实例中的重叠数量短语都直接充当了句子的谓语,以AA重叠形式居多,如果是一AA重叠形式,通常需要对举(如例(15))。谓语的句法位置是"述谓"性的,按照认知语法的重叠象似动因原理,凡语言形式重叠的语法意义往往表示"量增",即表示"多量"。上述例(14)、例(15)中的量词都是物量词,表示一种静态多量,泛指"多量"。如例(14)"野花簇簇"是说野花很多,所以"姹紫嫣红";例(15)"梯田一层层,新楼一排排"是说梯田、新楼很多,所以"煞是气派"。上述例(16)、例(17)中的重叠都是动量词,表示一种动态多量,即"连续不断"的意思。句中虽无动词,但仍给人以动感,如例(17)"秋风阵阵"是说秋风一阵接着一阵吹来;例(18)"螺声阵阵"是说螺声一阵接着一阵传来,"渔歌声声"是说渔歌一声接着一声响起。

5.1.3 宾语位置的数量重叠

重叠式数量短语可以直接作宾语,表示"多量"或"逐一"。例如:

(18) 条条大路上,送运粪肥的胶轮马车,连成一串串,扬着黄雾,摇着车铃。

(19) 原来那些随意摆放的摊位被摆放成一排一排,整齐有序,环境整洁多了。

上述实例中"一串串"、"一排一排"都直接充当句子的宾语,通常是一AA、一A一A的重叠形式,AA式重叠形式很少见。宾语的句法位置也是指称性的,因此此类句子中的谓语动词通常是"V成"之类的表示状态变化的动词,表示的是一种结果状态，是一种静态多量。

一般动词要带重叠式数量短语的宾语，常见的是在重叠的“一量”之间加上连接词“又”，构成“一 A 又一 A”的格式。例如：

(20) 装甲车开过一辆又一辆，部队走过一拨又一拨，也不知究竟有多少。

(21) 城里来的知青走了一批又一批，很快就全回了城，村子又恢复了往年的平静。

不过，由于连接词“又”是个频率副词，因此“一 A 又一 A”的重叠形式就蕴含了顺序义，“一 A 又一 A”的重叠形式就凸显了“逐一”的意思。如例(20)中的“装甲车”是一辆接着一辆开过来的，“部队”是一拨接着一拨走过来的；例(21)中的“知青”是一批接着一批走的。显然，表示“逐一”是一种动态多量。

5.1.4　状语位置的数量重叠

重叠式数量短语作状语的情况最复杂，细分起来可以表达四种语法意义：1. 表示“每一”；2. 表示“逐一”；3. 表示“多量”；4. 表示“连续不断”。例如：

(22) 我去过好几趟，可总是一趟趟落空，一个人也没有碰见。

(23) 总共才上了五天课，可他却回回迟到，真不像话。

(24) 我在灯下坐着高板凳，一句一句热心地教她读书。

(25) 爸爸整天坐在桌子前，在稿纸上一格一格地填字，难道不是“痴”么？

(26) 只要她一走到庙会上，年青的小伙子们就一群群地跟着看。

(27) 晚霞绚丽多彩，鱼白色的，淡青色的，桔红色的，紫色的，一层一层重叠着，环结着。

(28) 冷风卷着碎雪，在闪着亮光的空地上烟雾似地一阵阵飘过，消失在墙角浓重的阴影里。

(29) 秦玉兰在爹的身后，两条视线一遭儿一遭儿地在梁志勇的身上兜圈子，仿佛生怕他的身上少了什么似的。

上述实例中重叠式数量短语都充当状语，包含了一 A 一 A、一 AA、AA 各类重叠形式，状语的句法位置是描述性的，导致处在状语位置上的重叠式数量短语的语法意义多样化。例(22)、例(23)的重叠式数量短语中的量词是动量词，表示“每一”；例(24)、例(25)的重叠式数量短语中的量词是物量词，表示“逐一”；例(26)、例(27)的重叠式数量短语中的量词也是物量词，表示“多量”，动词后带持续体标记“着”，表示动态的存在；例(28)、例(29)的重叠式数量短语中的量词是动量词，表示“连续不断”。凡表示“连续不断”意义的句子，其谓语动词表示的动作行为不是一次性完成的，而是可以反复不断地进行，在重复的数量短语之间可以加上“接着”、“又”等连接词，如例(28)、例(29)：

烟雾一阵阵飘过
→烟雾一阵接着一阵飘过
视线一遭儿一遭儿地在梁志勇的身上兜圈子
→视线一遭儿又一遭儿地在梁志勇的身上兜圈子

值得说明的是，重叠式数量短语充当状语，究竟表示上述四种语法意义中的哪一种，与核心动词本身的语义特征有关，也与重叠形式的属性有关，详见下文 5.2 的解释。

5.1.5 补语位置的数量重叠

重叠式数量短语可以在一定条件下直接充当补语，表示“多量”。例如：

(30) 河滩上的雪，被大风卷绞得一坨一坨的。
(31) 好好的床单被她扯得一条一条的，说是做什么布艺。
(32) 只见各类获奖证书、奖杯奖状摆放得一排一排的，不由人不佩服。
(33) 好好的一幅画已经被女儿剪得一片一片的，扔得满地都是。

重叠式数量短语直接作补语限制较大，需要具备一些条件：其一，重叠式数量短语中的量词通常是物量词，构成一 A 一 A 的重叠形式；其二，重叠式数量短语作补语一般带有补语标记“得”，是一种组合型补语；其三，重叠式数量补语的后边还带上一个“的”，构成“的”字短语，以凸显补语的描述性。重叠式数量短语直接作补语表示的是行为动作导致的结果状态，通常是静态的。如例(30)中“雪”成了“一坨一坨的”，例(31)中“床单”成了“一条一条的”，例(32)中“获奖证书、奖杯奖状”成了“一排一排的”，例(33)中“一幅画”成了“一片一片的”。

5.2 重叠式数量短语的语义整合

综上所述，依据重叠象似动因，重叠式数量短语最核心的语法意义是“量增”，但处在不同的句法位置，“量增”的语法意义有所区别，细分起来可以表达四种语法意义：1. 表周遍义，相当于逻辑语义上的“全量”，凸显“每一”；2. 表示动态多量，凸显“逐一”；3. 表示静态多量，凸显“量多”；4. 表示顺序义，凸显“连续”。

研究表明，就汉语的量词重叠而言，存在基本义和句位义之分。前者可以看作是词汇层面的意义，而后者进入不同构式后，由于句位的不同，基本义中的不同成分或关系分别被凸显，产生不同的句位义。这些句位义之间以及句位义与基本义之间，既有共性也有差别。差别体现了构式对不同句位的量词重叠的整合作用，而共性则体现了作为构件的量词重叠对构式整体的语义贡献。这正是构式与构件互动的结果，符合构式语法的核心思想。

5.2.1　重叠形态的语义差异

量词重叠往往带上数词成为数量短语重叠，但数词限于不表真值义的“一”（表数功能弱化，一般不能用其他数词替换）。重叠的方式有三种：AA、一 AA、一 A 一 A。其中“AA”和“一 AA”可以相互替换，如“小分队的战士（一）个个身强力壮”，语义没有太大的差异。而“一 AA”和“一 A 一 A”虽然也可以相互替换，但语义显然有区别。宗守云（2007）对此做过分析，我们在此基础上作进一步的解析。

5.2.1.1　当量词为物量词时，无论是“一 AA”还是“一 A 一 A”，它们在语义上都必然关联一个 NP 和一个 VP，“一 AA”和“一 A － A”所关联的 NP 和 VP 共同构成了一个事件。

1. 当 NP 被凸显时，“一 AA”和“一 A 一 A”的语义差异表现为，前者为弱离散性，后者为强离散性。例如：

(34) 涧水汇成了小河和大河，一条条奔涌向前。

(35) 布置任务，一条一条，精细严谨，明明白白。

例(34)“一条条”凸显的是“小河和大河”，作为整体描述离散性弱；例(35)“一条一条”凸显的是“任务”，每一条都“精细严谨，明明白白”，因而离散性强。

2. 当 VP 具有较强的动作性时，“一 AA”表现为弱次序性，“一 A 一 A”表现为强次序性。例如：

(36) 汪葆华从来没有看见过这样的场面：地板一块块被撬起；箱子一只只被打开……

(37) 只见猎狗一边叫，一边奔跑，将猎物一只一只叼回，放到一起。

(38) 他下车折了一枝，几个人在车上一颗颗地吃起来。

(39) 小明子就剥开莲蓬壳，一颗一颗吃起来。

例(36)是已然事件，地板已经被撬起，箱子已经被打开，在说话人看来，其次序是无关紧要的，所以用了“一块块”、“一只只”；例(37)是正在进行的事件，猎狗叼回猎物，正处于一个有序进行的过程，说话人强调事件发展的次序性，所以用“一只一只”。例(38)是几个人一起吃沙枣，不强调次序，用“一颗颗”；例(39)是一个人吃，说话人强调其次序性，用“一颗一颗”。

3. 当 VP 不具有动作性，而只呈现静态性语义特征时，“一 AA”表现为弱离散性，“一 A 一 A”表现为强离散性。例如：

(40) 走在兴旺的三角街上，放眼看去，新建的楼房一幢幢依山而立，鳞次栉比，邮电所、银行、书店、录像厅、百货店一应俱全。

(41) 上班的汽笛响过以后，分布在方圆七八里地的工人宿舍区显得清静了一些，一幢一幢齐整地排列着的宿舍，从破窗户传出了孩子哭闹声。

上面实例都是重叠式数量短语作状语，例(40)描写的是城市景象，用“鳞次栉比”表示集中；例(41)描写的是张家口龙烟铁矿的景象，用“分布在方圆七八里地”显示分散。前者离散性弱，后者离散性强。

4. “一AA”由于具有弱次序性和弱离散性，可以引申表示VP“轻易”；“一A一A”由于具有强次序性和强离散性，可以引申表示VP“费力”。这样的引申有认知上的必然性：其一，混乱是一种自然状态，人可以把混乱的事物变得有序，而次序性越强，越需要花费力气；其二，离散性弱，空间距离小；离散性强，空间距离大。对人而言，空间距离越大，越需要花费气力。例如：

(42) 素仙嫂烧完水，做好饭，撂下碗筷，压好炉子，就爬到山上，一根根地拾干树枝儿，再顺着弯弯的山道一捆一捆背下来。

(43) 这是我们县里顶好一所大房子，不多不少，一共造了十二年，椽子、柱子全靠老爹上山一根一根找来的！

例(42)“拾干树枝”是轻易完成的，所以用“一根根”，而成捆地背下山则是艰难的，所以用“一捆一捆”；例(43)上山找椽子、柱子是费力的，所以用“一根一根”。

5.2.1.2　有两点值得说明的：第一，“一AA”和“一A一A”虽然在各个层面都存在着差异，但这些差异很大程度上是倾向性的，不是绝对性的规则。如果在说话人看来次序性和离散性无关紧要，就倾向于用“一AA”；如果在说话人看来需要特别强调次序性和离散性，就倾向于用“一A一A”。但有不少情形是介于这两者之间的，这使“一AA”和“一A一A”的差异得到中和，在这种情况下，说话人对“一AA”和“一A一A”的选择就相对自由。例如：

(44) 仅此农民人均收入就五六百元，很多农民因此盖起了瓦房、楼房，一步步走向富裕。

(45) 该村党支部书记张祖义告诉笔者：俺村近两年一步一步走向富裕，人均收入超千元。

例(44)和例(45)都是说农民走向富裕，前者用“一步步”，后者用“一步一步”，两者可以相互换用，因为两个句子在表义上并没有很大的差异，这些差异已经完全中和了。

第二，“一AA”和“一A一A”的差异可以用句法象似性理论加以解释。象似性理论认为，句法结构跟人的经验结构之间有一种自然的联系，语言结构直接反映人的概念结构。从句法象似动因看，“一AA”和“一A一A”的差异符合重叠象似动因，重叠象似动因是基于基本式和重叠式的不同而体现出来的。同时，从某种意义上看，似乎也符合距离象似动因，对于不同的重叠式而言，它们之间的差异是和距离象似动因相关的。所谓距离象似动因，是说认知或概念上相接近的实体，其语言形式在时间和空间上也相接近，也就是说概念之间的距离跟语言成分之间的距离相对应。就"一 AA"和"一 A 一 A"而言，前者在语义上具有弱次序性和弱离散性特征，在语用上表现轻快而紧张，因而形式上距离较近，两个 A 紧密地连在一起；后者在语义上具有强次序性和强离散性特征，在语用上表现费力而舒缓，因而形式上距离较远，两个 A 之间分别被"一"隔开，具有间隔。这正是距离象似动因的完好体现。

5.2.2　动态静态的理据分析

重叠式数量短语的语法意义是"量增"，也就是通常认为的"多量"，李宇明(1998)认为"多量"有动态多量和静态多量的区别，这是符合语言事实的。

5.2.2.1　动态多量

重叠式数量短语作状语时表现的语法意义特别丰富、敏感，一般都表动态多量。当谓语动词没有明显的过程性或者句意的重心不在于表现这种过程性时，这些重叠式数量短语表示"一般性动态多量"。例如：

(46) 冷风从墙角卷起，后背就一阵阵颤悚。

(47) 油碟中间总是缺油，油捻儿总像是在挣扎摇曳进行着临灭前的最后一挣，可竟仍然能一夜一夜地燃着。

(48) 傣寨之夜，他一碗碗敬酒，反复地说，是在这里，是这些善良的人们使他认识了人生真谛。

(49) 天不亮村里人就挑着水桶排队，一勺一勺舀上来的是浑浑的泥浆啊！

上述例(46)、例(47)中重叠式数量短语"一阵阵"、"一夜一夜"充当状语，其中谓语动词"颤悚"、"燃(着)"的过程性不明显；例(48)、例(49)重叠式数量短语"一碗碗"、"一勺一勺"也充当状语，其中谓语动词"敬酒"、"舀"可以有个过程，但句意重心不在于表现这种过程，因此这些重叠式数量短语都只是表一般的动态多量。

反之，当谓语动词有明显的过程性或者句意的重心在于表现动词的过程时，作状语的重叠式数量短语在表示一般性动态多量的基础上，附加了"顺序义"。带有顺序义的动态多量可称为"顺序性动态多量"。不同的重叠形式，顺序义有明显与不明显之分。一般地说，"一量一量"的顺序义比"一量量"明显，"一量接(着)一量"的顺序义又比"一量一量"明显。比较下列句子：

(50) 她甩过头来，一步步地向草场边的看草小屋走去。

(51) 撒切尔夫人神色凝重，一步一步往下走去。

(52) 母亲挨着他，一言不发，只是一步接一步地迈着步子。

上述三个实例中，重叠式数量短语中的量词都是“步”（借用动量词），但重叠形式不同。从语境分析看，例(50)只是一般的陈述，没有什么特别的语境信息，句中使用“一步步”的重叠形式；例(51)强调“撒切尔夫人神色凝重”，句中选择“一步一步”的重叠形式；例(52)强调母亲的心情沉重，“挨着他一言不发”，并使用了唯一性副词“只是”，所以句中“一步接一步”本身就是处于被凸显的状态。这一点同上文分析的重叠式数量短语的“次序性”强弱有类似性，不再赘述。

值得指出的是，顺序义和多量义往往具有反比关系，顺序义越强，多量义便越弱。有些重叠形式，特别是“一A一A”重叠式，有时语意重心不在表“动态多量”，而是凸显“逐一”。例如：

(53)“爹！我！杀！了！人！”于援朝睁开眼，春生的话一字一字地从墙壁上弹射回来，每一个字都像一把匕首，从容不迫地从于援朝的前胸扎进去。

(54) 匣子里没有钱，只有几张纸，太爷爷眯着眼，像是受了极强的光刺激，从匣子里拿出一张一张的纸片来。

上述例(53)中的“一字一字”不表字数多，事实上也只有五个字；它的重心是表示“爹！我！杀！了！人！”这些字不是连着说出来的，而是一个字一个字蹦出来的。例(54)中的“一张一张”也不是表示纸片多，因为上文已说“只有几张纸”，并不算多；它的重心在于表示纸片不是从匣子里一次拿出的，而是一张一张拿出来的。在此基础上，“一A一A”进一步引申出对事物的“一A”的逐一处置，或是表“一A”之间的有序性，加强了对动作过程的刻画。例如：

(55) 他降落下来，将三只雏鸟一只一只很轻很轻地从牛眼中塞了进去。

(56) 太爷爷仍用左手三个指头去摸光洋，像翻书，轻轻地一块一块地把它们摞在桌上…

(57) 透过玻璃滴管，可以看到清澈透明的药液不紧不慢一滴一滴地滴下来。

(58) 人家老太太特别关照，要一遍一遍听《上路谣》咧。

这种凸显动作过程的表述，往往有语境信息的支撑，如例(55)中“很轻很轻”、例(56)中的“像翻书，轻轻地”、例(57)中“不紧不慢”、例(58)中的“特别关照”，这些词语的使用更强化了动作过程的离散性。

5.2.2.1 静态多量

凡不能受“都”总括又不表动态多量的重叠形式，一般都是表静态多量。语料反映各类重叠形式都可表“一般静态多量”，而且可以出现在多种句法位置上。例如：

(59) 杉树林、松树林、桐树林、柑橘林，一片片拔地而起，直耸云天；茶园、苗圃，一块块象翡翠，嵌满坡地山坳；养牛场，养猪场，养羊场，鸡鸭场，一处处星罗棋布，一派六畜兴旺景象。

(60) 戴一副宽边变色眼镜，一身西装笔挺，嘴里英语一串串，浑身一副绅士派头。

(61) 展晴开始给大家照相留念，分成各种组合，拍了一张又一张。

(62) 咸鱼干被扯得一丝一丝的，吃起来很方便。

上述例(59)中"一片片"、"一块块"、"一处处"充当主语，例(60)中"一串串"充当谓语，例(61)中"一张又一张"充当宾语，例(62)中"一丝一丝"充当补语。

静态多量与周遍义(表"每一")有内在关联，周遍义是多量的极限，表周遍义的重叠式数量短语往往也带有静态多量的色彩。例如：

(63) 小分队战士，个个都是棒小伙子。

(64) 于援朝看见对面居民楼的窗户都亮着，一只一只都像鬼眼似的。

(65) 这些老人天天都上公园晨练。

(66) 女朋友几乎夜夜都来夜宵摊上陪他。

上述例子中的"个个"、"一只一只"、"天天"、"夜夜"，都表"每一"，句中有表周遍义的范围副词"都"，但同时也表现出静态多量的属性。

5.2.3　心智扫描的认知解释

上述重叠式数量短语处在不同句位、选择不同重叠形式，表现出来的语法意义是不同的，或者说这些重叠式数量短语所反映出来的"意象图式"存在凸显差异，可以视为"基地"和"侧面"的转换。认知语言学认为情景不同的勾勒侧面源于人们构建该情景时的心理扫描方式的不同。

5.2.3.1　总括扫描与次第扫描

人类认知扫描的方式有两种：一种是"总括扫描"(summary scanning)，另一种是"次第扫描"(sequential scanning)。总括扫描以累积的方式平行地处理概念成分，复杂场景的各个方面同时呈现出来，通过共同激活组成一个单一的完形。它忽略了不同阶段的细节差异，侧重于感知的整体效应，跟时间因素无关。次第扫描则是依次而不是平行地处理成分状态，尽管一致经验也需要状态之间的连贯性，扫描的结果既不同时共存也不同时呈现。它借助时间因素来反映扫描的进展，侧重于感知过程中不同阶段的细节差异。打个比方，总括扫描好像是看静态的照片，而次第扫描类似于看动态的电影。

例如下图显示的是 Langacker 对英语里 enter、into、in 这三个词的述义所作的分析(tr 为射体，lm 为界标)：

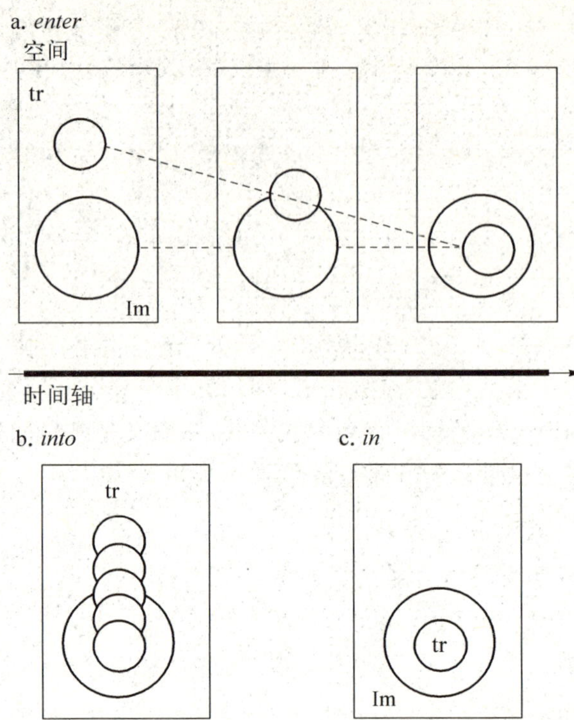

a和b体现的是对某个共同的情景，即某一物体进入某一容器所作的不同方式的描写。a是对动词enter体现的过程述义的空间刻划：相对于一个界标（大圆圈），某个射体（小圆圈）在一定的时间内与它的关系由外变内。其间涉及了无数个成分状态，为方便起见仅列出三个作为代表，用方框显示。每个状态都由空间域里界标和射体的关系所构成，界标之间的虚线反映出它们在不同状态中的等同关系，射体之间的虚线亦然。图中可看出射体相对于界标的位置在不同状态中产生了变化，而界标的位置未变。各个状态之间的虚线代表了其间的联系，即以依次连缀的方式映射到时间域。所有状态在时间上的映射就构成了enter这个过程的时间侧面，用时间轴上的粗线表示。b体现了介词into的意义，它和enter反映的情景其实是相同的，不同之处在于扫描（scanning）的方式不同。显然a里的动词enter勾勒的是过程，其意象是次第扫描的结果；b里的介词into勾勒的是关系，是总括扫描的结果。c里的介词in所代表的述义侧面也是关系而非过程，它与into一样也是总括扫描的结果，只不过c里的射体是静态的，而b和a里的射体都是动态的。值得注意的是，总括扫描很难准确地图示，b、c虽然看起来都只有一个方框，但不能理解为扫描到的只是一个状态，其实是多个状态的叠加。可以这样看：若a体现的各个状态都用透明胶片描画，假定用五个状态代表，将它们依次迭合起来，便形成了b显示的图形。同样c代表的图形也可以想象为描画多个静态画面的透明胶片的叠加。

5.2.3.2 不同句位的扫描方式

李文浩(2010)对认知扫描与不同句位量词重叠的扫描方式进行过解释，我们认为有一定的道理。

认知主体对“主语”位置数量短语重叠的心智扫描显然是总括式的，它侧重于对外部整体的感知，忽略物体或事件本身及其可能的序列关系，如“个个身强力壮”中的“个个”(重叠形式也可以是“一个个”)，个体之间的联系被淡化了，观察者注意的焦点是语境中某些特定的人的集合，于是“个个”表现为“每一”的周遍义。而认知主体对“状语”位置量词重叠的心智扫描显然是次第式的，与前者相反，它侧重于对多个物体或事件间关系的感知，如“代代相传”中的上一代与下一代之间的承续关系成为观察者的注意焦点，于是“代代”表现为“连续不断”动态多量义。状语位置的量词重叠可以替换为“一量量”、“一量一量”、“一量＋接(着)＋ 一量”。如“代代相传”可以替换为“一代代相传”、“一代一代相传”、“一代接一代地相传”。尤其是后两种表达式，多个物体或事件间的承接关系更为显赫，而作为次第扫描的识解方式也更容易判别。

至于表现为“多量”义的数量短语重叠，我们认为其扫描方式视句位而定。当重叠式数量短语充当宾语时，如“摊位被摆放成一排一排的”中的“一排一排”，主要凸显的是实体变化的结果状态，不具备时间因素，可以识解为总括扫描。当重叠式数量短语充当谓语时，如“歌声阵阵”中的“阵阵”具有时间的延续性以及由此导致的不同时间阶段的动态性，“歌声”可以随着时间的延续而不断的呈现与变化，其结果是一幅动态的情景，而这正是次第扫描的特征。

从这个视角来观察，我们发现重叠式数量短语充当主语或宾语时识解为总括扫描，充当谓语、状语或补语时识解为次第扫描。一般情况下，实体事物适合总括扫描，动作行为适合次第扫描。主语和宾语位置一般是指称性成分，谓语或状语、补语位置一般是陈述或描写性成分；主语或宾语位置的成分通常与总括扫描相关，谓语、状语或补语位置的成分通常与次第扫描相关。因此，同样是重叠式数量短语，进入主语或宾语位置后识解为总括扫描，进入谓语、状语或补语位置后识解为次第扫描，这体现了不同句位对作为构件的重叠式数量短语的整合效应。事实表明，这种一般倾向性是符合语言事实的。

5.3 重叠式数量短语的指代功能

讨论重叠式数量短语的指代功能，必须先弄清楚数量短语重叠的理据以及产生的效应，然后再分析数量短语指代功能的属性。因此，本节包含两个有关联的问题：一个是“象似动因与量增效应”，另一个是“句法位置与指代功能”。下面分别加以讨论。

5.3.1 象似动因与量增效应

基于功能认知语法认为人类自然语言的编码形式和编码策略，体现了人们对现实世界中的物质经验的“临摹”，由此提出了“句法象似性”原理。Givón(1994)进一步完善了Haiman(1985)提出的“语言类似图样”(languages are like diagrams)的观点，给出了“象似性”的三条规则，成为公认的“图样象似符”(diagrammatic icon)的基本类型：

1. 数量象似性(quantity iconicity)：意义越多，越不易预测；越重要，形式就越多。

2. 距离象似性(proximity/distancelconicity)：功能上、概念上和认知上距离越近，形式上的距离也越近。

3. 顺序象似性(sequence / linearity / order iconicity)：在其他条件相同的情况下，叙述的顺序对应所描述的事件的顺序。

本章所探讨的重叠式数量短语，就属于“重叠象似动因”，是“数量象似性”的一种表现。在现实生活中，我们会将两个或多个相同的物体归在一起，会在一段时间内重复相同的动作，会表达某种状态的程度的加深。若语言在词法和句法构造上用重叠或重复的形式去表达这些意义，我们就可以说这种结构是以“象似”的方式构造而成的。语言成分的重叠或重复显然增加了成分的数量，是语言形式复杂化的表现；而语言形式的“量增”，必然导致概念意义的“量增”，只是这种“量增”不一定是简单的量的增加，体现的是一种范畴量的变化。由此产生了不同的语法意义。

不少学者早就注意到语言里的这种象似特性。比如Sapir(1921)就曾提及重叠含有“不证自明的象征性”。Lakoff & Johnson(1980)举例说，在英语里He ran and ran and ran and ran(他跑啊跑啊跑啊跑)跟He ran(他跑了)相比，前者表示的动作量更大；He is very very very tall(他非常非常非常高)跟He is very tall(他非常高)相比，前者表示的程度量更高。和英语不同的是，重叠在很多其他语言里不仅仅是一种临时的组合，而是一种语法化了的词法或句法机制。在相当多语言里，当重叠用于名词时单数会变为复数或表集合概念；用于动词时表示动作的持续或完成；用于形容词时表示性质状态的增强。这些变化都表示同一范畴量的增加，即物量、动量、程度量的“量增”。

重叠作为一种语法手段，在汉语里有着丰富的表现。“重叠象似动因”就是戴浩一(Tai 1993)基于对汉语的观察首先明确提出的，他将重叠象似动因定义为：

语言表达形式的重叠(重复)对应于概念领域的重叠(重复)。

汉语大多数的量词、形容词、动词和部分名词都有重叠形式，这些形式所表达的意义有一个共同点，即包含有某种非重叠式所不具备的量的观念。本章所探讨的数量短语的重叠就是汉语中“重叠象似动因”的典型表现。根据上文论述，汉语数量短语重叠主要表示四种语法意义：

表示主体“每一”：个个都很棒　次次都参加　天天都下雨
表示实体“量多”：野花簇簇　梯田一层层　新楼一幢幢
摆成一排排　扯成一条一条　过来一辆又一辆
剪得一片一片的　放得一堆一堆的
表示过程“逐一”：一首一首唱　一口一口吃　一本一本看
表示动作“连续”：一趟一趟跑　一遍一遍说　一下一下打

无论表示哪一种语法意义，一个基本的核心意义是实体、动作或时段“量增”了，实体、动作或时段不是单一的，各类语法意义都是由此生发出来的。

5.3.2 句法位置与指代功能

上述现代汉语中数量短语重叠能表示四种不同的语法意义，其实都是句法位置赋予的。我们同意郭继懋(1999)提出的观点，他认为所有的量词重叠只表示一种概括的语法意义，即物体或事件的重复存在，不同语法意义的差别是这个总的语法意义的语境变体。因此，下面我们立足重叠式数量短语的句法位置来分析数量短语的指代功能。

5.3.2.1 重叠式数量短语表示主体“每一”

重叠式数量短语表“每一”，主要分布在主语位置，出现在句首充当主语或充当主谓谓语句中的逻辑主语(小主语)，表示周遍义，属于全量范畴。例如：

(67) 我从来不喜欢那些年轻人，个个都像书呆子。

(68) 一网捞上来，鱼儿还真不少，条条活蹦乱跳。

(69) 侄儿们个个都怕她，说她厉害。

(70) 房后面是一排刚刚高过房脊的木瓜树，树干棵棵都很粗壮，枝叶茂盛。

上述例(67)、例(68)是重叠式数量短语作一般句子的主语，例(69)、例(70)是重叠式数量短语在主谓谓语句中作小主语，重叠形式都以 AA 为主体。主语的句法位置是指称性的，因此重叠式数量短语单独充当主语，前边的分句或主谓谓语句的话题(大主语)都有数量短语回指的“先行语”。如例(67)中前一分句的宾语“那些年轻人”，是“个个”的指代对象；例(68)中前一分句的主语“鱼儿”，是“条条”的指代对象；例(69)中的话题(大主语)“侄儿们”，是“个个”指代的对象；例(70)中的话题(大主语)“树干”，是“棵棵”的指代对象。

这些数量短语中的量词都是物量词，句中或语境中的“先行语”也都是名词性成分，而主语位置又是典型的指称性位置。因此，此类数量短语通过重叠表示“每一”的意思,指代的是"先行语"这个集合中的任何一个成员。值得注意的是,虽然作为"先行语"的范畴类是"定指"的,但由于所指"个体"不确定,因而是一种"任指"。

5.3.2.2 重叠式数量短语表示实体"量多"

重叠式数量短语表示"量多",主要是数量短语重叠导致的语法意义。表示"量多"的重叠式数量短语可以分布在谓语、宾语、补语这些句法位置上,由于这些句法位置的句位义不同,数量指代功能也有差异。

先看宾语位置上的重叠式数量短语。例如:

(71) 条条大路上,送运粪肥的胶轮马车,连成一串串,扬着黄雾,摇着车铃。

(72) 原来那些随意摆放的摊位被摆放成一排一排,整齐有序,环境整洁多了。

上述实例中"一串串"、"一排一排"都直接充当句子的宾语,通常是一AA、一A一A的重叠形式,排斥AA重叠形式。宾语的句法位置也是指称性的,这些重叠式数量短语也有一定的指代性,在句中都有回指的"先行语",如例(71)中的"胶轮马车",例(72)中"摊位"。所以,例中的"一串串"、"一排一排"显然是指代这些"先行语"这个集合中的任何一个成员,也是一种"任指"。但是,此类句子中的谓语动词通常是"V成"之类的表示状态变化的动词,表示的是一种结果状态,描写性很强。因而,宾语位置上重叠式数量短语的指代功能,与主语位置数量短语相比,相对弱一些。

再看补语位置上的重叠式数量短语。例如:

(73) 河滩上的雪,被大风卷绞得一坨一坨的。

(74) 好好的床单被她扯得一条一条的,说是做什么布艺。

根据前文阐述,重叠式数量短语直接作补语限制较大,其中的量词通常是物量词,构成一A一A的重叠形式,带有补语标记"得",数量补语的后边还带上一个"的",以凸显补语的描述性(详见5.1.5)。这些重叠式数量短语也有一定的指代性,在句中都有回指的"先行语",如例(73)中"一坨一坨"指代"雪",例(74)中"一条一条"指代"床单"。但是,从语用功能看,补语位置是描写性的,重叠式数量短语直接作补语表示的是行为动作导致的结果状态。如例(73)中"雪"成了"一坨一坨的",(74)中"床单"成了"一条一条的"。也就是说充当补语的数量短语所表示的数量状态与"先行语"所指的实体,在形态上已经发生了变化,如类指的"雪"和"一坨一坨"的形态、完整的"床单"和"一条一条"的形态变化。所以补语的位置功能使得这些位置上的数量短语的描写性,比宾语位置上的描写性更强,因而与宾语位置数量短语相比,补语位置上的指代功能更弱一些。

最后来看谓语位置上的重叠式数量短语。例如:

(75) 这里野花簇簇，姹紫嫣红。

(76) 俯视山下，梯田一层层，新楼一排排，煞是气派。

上述实例中的重叠数量短语都直接充当了句子的谓语，以 AA 形式居多，如果是一 AA 形式，通常需要对举。上述例(75)、例(76)中的量词都是物量词，表示一种静态多量，如例(75)“野花簇簇”是说野花很多，所以“姹紫嫣红”；例(76)“梯田一层层，新楼一排排”是说梯田、新楼很多，所以“煞是气派”。谓语的句法位置是“述谓”性的，所以谓语位置上的数量短语的主要功能是陈述主语在数量方面的状态，通过重叠表示“量多”。由于谓语位置紧邻主语，中间没有被其他成分隔开，按照距离象似动因的解释，两者的距离几乎是零。这就使得谓语位置上的数量短语与“数量＋名”结构一样，几乎不承担指代功能，这是很重要的一个特点。

根据上面论述，重叠式数量短语表示“量多”，可以分布在谓语、宾语、补语这些句法位置上，但由于不同句法位置的功能不同，使得在这些位置上的数量短语的指代性也有差异。相对而言，宾语位置的数量短语指代性较强，还能承担一定的指代功能；补语位置上的数量短语由于描写性增强了，指代性相对减弱了；谓语位置上的数量短语由于紧邻主语名词，指代功能基本上消失殆尽。

5.3.2.3　重叠式数量短语表示过程“逐一”

重叠式数量短语表示过程“逐一”，最典型的是处在状语位置上。例如：

(77) 我拿出英语书，一句一句地教她读，总算有点效果了。

(78) 他整天坐在桌子前，在稿纸上一格一格地填字，真有点“呆”。

(79) 王静是个很会讲解的导游，只要她一开口景点介绍，游客们就一群一群凑上去听。

(80) 售货员很有耐心，把那些时装一件一件展示给她看。

上述实例中重叠式数量短语都充当状语，通常是物量词，选择一 A 一 A 的重叠形式来凸显过程的“逐一”。数量短语单独充当了某个句法成分，当然就有回指的对象，即数量短语指代的“先行语”。如例(77)中“一句一句”指代“英语书”、例(78)中“一格一格”指代“稿纸”，例(79)中“一群一群”指代“游客们”，例(80)中“一件一件”指代“那些时装”。这些“先行语”的范畴类是“定指”的，状语位置的数量短语回指的是“先行语”这个集合中的任何一个成员，由于所指“个体”不确定，属于“任指”。

5.3.2.4　重叠式数量短语表示动作“连续”

重叠式数量短语表示动作“连续”，也就是学界所谓的量词重叠表示“连绵不断”的意思。那么，这里所说的动作“连续”和上文所说的过程“逐一”有什么区别呢？很简单，是由量词的属性决定的。上文所述重叠式数量短语表示过程“逐一”，其中的量词基本都是物量词，指代的是实体，它们是通过谓语动词来体现过程“逐一”的。而这里所说的动作“连续”，重叠式数量短语中的量词都是动量词，主要分布在状语的位置。例如：

(81) 每天清晨，他一遍一遍地背诵课文和单词，英语长进很快。

(82) 老张很有股子韧劲，一趟一趟跑区政府，不讨个说法誓不罢休。

(83) 妻子看在眼里，急在心里，一次一次地劝说自己的丈夫，可一点不管用。

(84) 秦玉兰在爹的身后，两条视线一遭儿一遭儿在梁志勇的身上兜圈子，仿佛生怕他的身上少了什么似的。

上述实例中重叠式数量短语都充当状语，通常是动量词，选择一 A 一 A 的重叠形式，表示主体行为动作的"连续"，因此谓语动词表示的动作行为不是一次性完成的，而是可以反复不断地进行的。数量短语单独充当了某个句法成分，当然就有指代的对象，但作为动量词指代的"先行语"是话语陈述的某类事件。如例(81)中"一遍一遍"指代"背诵课文和单词"这个类事件，例(82)中"一趟一趟"指代"跑区政府"这个类事件，例(83)中"一次一次"指代"劝说自己的丈夫"这个类事件、例(84)中"一遭儿一遭儿"指代"视线在梁志勇身上兜圈子"这个类事件。我们认定动量词也具有指代某类事件的属性，那么由动量词构成的重叠式数量短语就必然具有指代功能，但这种指代的属性颇有特点。由于此类重叠式数量短语表示的是行为动作的反复和连续不断，"一 A 一 A"显然蕴含了时间因素，与实际情境中的行为动作的先后有一定的关联，因而指代具有"确指"的属性；但同时此类重叠式数量短语又不确指"两次"，而是泛指行为动作的"多次"，"一 A 一 A"很难确指某一次特定的行为动作，因而指代又具有"任指"的属性。这种双重属性正是由动量词构成重叠式数量短语处在状语位置上表示动作"连续"的指代特点。

5.3.2.5 重叠式数量短语指代功能评析

综上所述，现代汉语中数量短语重叠能表示四种不同的语法意义，其实都是句法位置赋予的。对于重叠式数量短语的指代功能，有两个特点需要说明。

其一，由于所处句法位置不同，重叠式数量短语的指代功能有强弱的差异，总体而言，重叠式数量短语指代功能的强弱表现为以下序列：

表"每一"> 表"量多"> 表"逐一"> 表"连续"

这与重叠式数量短语所处的句法位置有直接关联，就典型性而言，表实体"每一"的重叠式数量短语主要分布在主语位置，指代性最强；表实体"多量"的重叠式数量短语主要分布在宾语位置，指代性稍弱。表过程"逐一"和表动作"连续"的重叠式数量短语主要都分布在状语位置，状语位置的主要功能是描写性的，描写性加强了指代性就必然减弱。由于表过程"逐一"的重叠式数量短语中的量词都是物量词，所以指代功能较强；而表动作"连续"的重叠式数量短语中的量词都是动量词，指代功能较弱。

其二，重叠式数量短语的指代功能与所处句法位置有直接关联，但这种关联具有不平衡性。一方面，重叠式数量短语可以细分为四种不同的语法意义，但每种语义类型内部的指代功能是不同质的，这也是因为句法位置的不同导致的。比如，重叠式数量短语表示实体“量多”，处在宾语位置，由于宾语位置本身的指称性，重叠式数量短语还具有一定的指代功能；处于补语位置，由于凸显了行为动作状态的结果，重叠式数量短语的指代性就较弱；处在谓语位置，由于谓语位置的功能是“述谓”性的，数量短语的主要功能是陈述主语在数量方面的状态，通过重叠表示“量多”，由于谓语位置紧邻主语，中间没有被其他成分隔开，按照距离象似动因的解释，两者的距离几乎是零，这就使得谓语位置上的数量短语几乎不承担指代功能。另一方面，重叠式数量短语处在同一个句法位置，表示的语法意义也是不一样的，这和数量短语的重叠形式有关。比如处在宾语位置的重叠式数量短语，如果是一AA(一串串)、一A一A(一排一排)形式，表示实体“多量”；如果是一A又一A(一批又一批)形式，则表示过程“逐一”。这些都需要细心解读。

5.4　本章小结

表非真值义的“一”构成的量词短语重叠形式有四种：AA式，一AA式，一A一A式，一A(X)一A式。

依据重叠象似动因，重叠式数量短语最核心的语法意义是“量增”，但处在不同的句法位置，“量增”的语法意义有所区别，细分起来可以表达四种语法意义：1. 表周遍义，相当于逻辑语义上的“全量”，凸显“每一”；2. 表示动态多量，凸显“逐一”；3. 表示静态多量，凸显“量多”；4. 表示顺序义，凸显“连续”。

现代汉语中数量短语重叠能表示四种不同的语法意义，其实都是句法位置赋予的。对于重叠式数量短语的指代功能，由于所处句法位置不同，重叠式数量短语的指代功能有强弱的差异。就典型性而言，表主体“每一”的重叠式数量短语主要分布在主语位置，指代性最强。表实体“多量”的重叠式数量短语主要分布在宾语位置，指代性稍弱。表过程“逐一”和表动作“连续”的重叠式数量短语主要分布在状语位置，状语位置的主要功能是描写性的，描写性加强了指代性就必然减弱。由于表过程“逐一”的重叠式数量短语中的量词都是物量词，所以指代功能较强；而表动作“连续”的重叠式数量短语中的量词都是动量词，指代功能较弱。

总体而言，重叠式数量短语指代功能的强弱与两个因素相关，一个是重叠式数量短语所处的句法位置，另一个是重叠式数量短语的量词属性。这两个因素呈双向作用，其等级序列表现为：

“每一”>表“量多”>表“逐一”>表“连续”

值得注意的是，重叠式数量短语的指代功能具有不平衡性。一方面，重叠式数量短语可以细分为四种不同的语法意义，但每种语义类型内部的指代功能是不同质的，这也是由于句法位置的不同导致的。比如重叠式数量短语表示实体“量多”，处在宾语位置，由于宾语位置本身的指称性，重叠式数量短语还具有一定的指代功能；处于补语位置，由于凸显了行为动作状态的结果，重叠式数量短语的指代性就较弱；处在谓语位置，由于谓语位置的功能是“述谓”性的，数量短语的主要功能是陈述主语在数量方面的状态，通过重叠表示“量多”，因此谓语位置上的数量短语几乎不承担指代功能。另一方面，重叠式数量短语处在同一个句法位置，表示的语法意义也是不一样的，这和数量短语的重叠形式有关。比如处在宾语位置的重叠式数量短语，如果是一 AA(一串串)、一 A 一 A(一排一排)形式，表示实体“多量”；如果是一 A 又一 A(一批又一批)形式，则表示过程“逐一”。

第六章　结　　语

6.1　本书的主要结论

本书试图在前贤时哲相关研究成果的基础上，借鉴构式语法理论，采用认知语法的观点，对现代汉语中数量短语的指代现象进行全面、系统的研究，以展示认知功能视角下的现代汉语数量短语指代现象的系统性及其认知机制。本书共分六章，第一章是“绪论”，第六章是“结语”。第二章为总述部分，第三章、第四章、第五章为分述部分，也是本书的主体。

6.1.1　数量短语指代功能及其分类

本书第二章集中探讨数量短语指代功能及其分类。首先解释数量短语指代功能的产生机制，包括数词的基本语义及其句法变异、量词的基本功能及其认知基础、数量短语指代功能的产生理据；然后探讨数量短语指代功能的语用类型，包括名词性成分与指称概念、周遍性成分与任指概念，在此基础上归纳出数量短语指代的语用类型；最后分析数量短语指代功能的语义类型，包括真值义数量短语的指代功能、非真值义数量短语的指代功能和数量短语重叠式的指代功能。

总体而言，数词的基本功能是表实体、事件、时段的“量”，量词的基本功能是将类指成分“个体化”，数量短语的指代功能是“数量＋中心语”结构分裂，导致数量短语单独承当句法成分的结果。数量短语在独立充当句法成分时会产生篇章“回指”的指代功能，这是内因和外因双向互动的结果。“内因”指数量短语本身潜在的语义因子，“外因”指构式框架“强制附义”效应。数量短语本身就蕴含了一定的指代功能，尤其是量词本身的“个体化”功能以及残留的语义因子，成为数量短语指代功能产生的“内因”；而激活内因的外部条件是构式赋义的强制效应。“构式赋义”的核心是“强制”(coercion)，是构式语法的基本理念。

本书考察的数量短语指代功能，就指代的属性来看，取决于“数量＋中心语”的组合中被移位了(或隐含了)的中心语成分的指称属性，具体概括如下：第一，数量指代的对象一定是“有指”的，包括“实指”和“虚指”两类(对说话人而言)。第二，如果指称的个体对象是“实指”的，指代可能“定指”，也可能“不定指”(对听话人而言)。第三，数量短语对“通指”(即“类指”，一定是“实指”)成分的指代，可以分为“任指”和“确指”两类。

根据本书的考察，数量短语指代功能的属性与两个因素有较大的关联性：其一，数词是表真值义还是表非真值义；其二，数量是单用还是重叠或复现。这两个因素往往制约了数量短语的指代属于“定指”还是“不定指”、“实指”还是“虚指”、“任指”还是“确指”。本文以此为依据，分别讨论表真值义数量短语的指代功能、非真值义数量短语的指代功能以及重叠式数量短语的指代功能。由于数量短语指代的对象可以确认为“有指”、“实指”（包括“定指”和“不定指”），因此需要判定的集中在“任指”和“确指”这两种指代属性。

6.1.2 表真值义数量短语的指代功能

本书第三章集中探讨表真值义数量短语的指代功能，主要考察不同句法位置上的数量短语指代现象，包括主语、宾语、兼语以及谓语等基本句法位置的指代功能。其中主语位置的数量指代集中探讨总分式复指构式及其数量主语，论证了数量主语的多义性及同构性，解释了数量主语指代功能的理据；宾语位置的数量指代集中探讨NP分裂前移话题化构式及其数量宾语，论证了数量宾语的多义性及同构性，解释了数量宾语指代功能的理据；兼语成分的数量指代集中探讨使令类兼语构式的类型，分析了无定成分与数量兼语的属性，解释了数量兼语指代功能的理据；谓语成分的数量指代集中探讨数量述谓的语用驱动，解释了述谓性数量构式的理据，论证了述谓性数量短语指代功能的弱化。

主语位置的数量指代的典型构式是“总分式复指”结构。其中总说部分是话题，既然是话题，那么对听话人来说通常是“定指”的，对说话人来说通常是“实指”的；但同时总说部分通常不是“个体”，而是一个“集合”，这个“先行语”有待于后边分说部分分别加以陈述。因此分说部分的数量主语的指代属性就有两种情况。当总述部分这个“集合”的成员是有序的，那么可以依据语序确认分述部分分句主语的指代对象，这时数量短语的指代属于“确指”；当总述部分的对象只指明某个范畴类的“集合”，没有表示顺序，那么分述部分分句主语指代的只是这个“集合”中的某个或某些成员，这时数量短语的指代属于“任指”。

宾语位置的数量指代的典型构式是NP短语分裂前移话题化结构。即充当宾语的NP短语（数量＋NP）分裂前移话题化，数量短语与中心语分离，导致留在句末的数量短语在构式（句法位置）的制约下，转化为核心动词的直接论元，于是量词个体化功能的潜在语义因子被激活，数量短语就产生了指代功能，通过语义链指代前移了的话题成分，属于“确指”。单独充当宾语的数量短语，对说话人来说自然是“实指”的，而对听话人来说显然是“不定指”的。

兼语位置的数量指代主要是使令式兼语构式。当兼语成分是“数量＋名词”结构时，其中名词都是通指类名，本身是某个类的“集合”，由于前边的量词实现了“个体化”，数词落实了“量”，因此数量限定的名词的指称对象是同一的、确定的。对听话人来说它们是“不定指”的，对说话人来说它们又是“实指”的。但是一旦“数量+名词”结构分裂，其中名词前移充当了主语话题（先行语），数量单独充当了兼语成分，情况就发生了变化。主语话题是某个类的“集合”，而“数量”只是其中的一个或部分成员，它们的指称范围不一致，前者是“整体”而后者是“部分”。“数量”通过语义链回指前边的话题先行语，其中有一种选择性，属于“任指”，这就是构式变换的语用驱动。

谓语位置的数量陈述指数量短语直接充当谓语的构式。当表真值义的数量短语前置于名词时，由于主语名词承担了指称功能，数量短语潜在的指代功能没有被激活的分布环境。而当数量短语后置于名词时，整个结构变换为主谓关系，数量短语占据了谓语的位置，由于谓语位置不是指称性的，而是陈述性的，所以数量短语主要承担陈述的功能。谓语位置上的数量短语的陈述功能强化了，指代功能就相对弱化了，充其量是一种“类指”。

综上所述，处在不同句法位置的数量短语的指代功能，显示出强弱差异的序列：主语>兼语>宾语>谓语，而这些差异是句法位置本身指称性强弱导致的。通常来说，主语是“定指”成分，而宾语是“不定指”成分，数量短语分别处在这两个位置，指代功能显然有强弱差异；兼语身兼主语和宾语二职，数量短语处在兼语位置，指代功能强度介于主语和宾语之间；至于谓语位置是陈述性的，数量短语紧邻主语，指代功能弱化是必然的。具体如下表所示：

	句法位置	构 式 示 例	指代属性	指代强度
1	主语位置	总分式复指结构	任指/确指	最强
2	兼语位置	使令式兼语结构	任指	较强
3	宾语位置	NP 短语分裂前移话题化结构	确指	稍弱
4	谓语位置	NP+一量	类指	极弱

6.1.3 非真值义数量短语的指代功能

本书第四章集中探讨非真值义数量短语的指代功能，主要考察下面五类典型构式：

1. “一量”复叠构式的数量指代，集中探讨了“V_1一量 V_2一量”构式，分析了该构式中数量指代的特征。

2. “一量”对举构式的数量指代，集中探讨了“A_1一量 A_2一量”构式，分析了构式义及其语用功能，阐述了“一量”属性及其指代功能，并讨论了倒叙构式“一量 A_1一量 A_2”和扩展构式“X_1一量 X_2一量”。

3. “一量”述谓构式的数量指代，集中探讨了“NP+一量”构式，分析了构式特征及其功能，阐述了“NP＋一量”的语义焦点及其成因，解释了“一量”的指代缺失及其理据。

4. 递进性差比构式的数量指代，集中探讨了“一量比一量＋VP”构式的典型性，描写了“时量 → 动量”的时间序列、“动量 → 物量”的非时间序列，分析了遍指性非差比义构式的变异，解释了“一量比一量”的指代功能特征。

5. 周遍性强调构式的数量指代，集中探讨了周遍性主语的句法解读，分析了“一量＋都/也＋没 / 不＋VP”构式，解释了数量短语的指代功能特征。

从数量短语的指代功能来看，这些典型构式中的“一量”在构式框架和构式义的制约下，其指代功能有强弱之分。其中“一量＋都/也＋没 / 不＋VP”、“V_1一量V_2一量”、“一量比一量＋VP”三个构式中的“一量”都表“任指”，指代功能比较明显，指代强度依次递减。而“A_1一量 A_2一量”构式及其变换构式“一量 A_1一量 A_2”中的“一量”虽然有所指，但指代的对象往往蕴含在语境中，所以指代功能很弱。至于“NP＋一量”构式中，由于“一量”在语义上表“某一类”，句法上又直接充当谓语，述谓性很强，因此指代性几乎消失殆尽。具体如下表所示：

	构 式 示 例	指代属性	指代强度
1	一量＋都/也＋没/不＋VP	任指	最强
2	V_1一量 V_2一量	任指	较强
3	一量比一量＋VP	确指	较弱
4	A_1一量 A_2一量	有指	很弱
5	NP＋一量	类指	极弱

6.1.4 重叠式数量短语的指代功能

本书第五章集中探讨重叠式数量短语的指代功能，主要讨论三个问题：重叠式数量短语的句法分布，重叠式数量短语的语义整合，重叠式数量短语的指代功能。其中重叠式数量短语的句法分布分别阐述了主位重叠的指代功能、述位重叠的指代功能、宾位重叠的指代功能、状位重叠的指代功能、补位重叠的指代功能。重叠式数量短语的语义整合集中探讨重叠形态的语义差异，分析了动态与静态的范畴义理据，并从心智扫描的角度进行了解释；重叠式数量短语的指代功能主要阐述了象似原理及其量增效应，并讨论了句法位置与指代功能的关系。考察结果表明：

量词短语重叠形式有四种：AA 式，一 AA 式，一 A 一 A 式，一 A(X)一 A 式。量词重叠在句子中的句法功能与其语法意义的关系可以分为四类：

1. 量词重叠作主语、部分状语(由动量词充当的状语)时表示主体“每一”的意义；

2. 量词重叠作谓语、补语、宾语时表示实体“多量”的意义；

3. 量词重叠做部分状语（由物量词充当的状语）时表示过程“逐一”的意义；

4. 量词重叠作部分状语（一部分由动量词充当的状语）时表示动作“连续”的意义。

值得指出的是：现代汉语中数量短语重叠能表示四种不同的语法意义，其实都是句法位置赋予的。由于所处句法位置不同，重叠式数量短语的指代功能有强弱的差异，表现为以下的序列：表“每一”＞表“量多”＞表“逐一”＞表“连续”。这与重叠式数量短语所处的句法位置有直接关联，就典型性而言，表主体“每一”的重叠式数量短语主要分布在主语位置，指代性最强；表实体“多量”的重叠式数量短语主要分布在宾语或补语的位置，指代性稍弱。表过程“逐一”和表动作“连续”的重叠式数量短语主要都分布在状语位置，状语位置的主要功能是述谓性的，述谓性加强了指代性就必然减弱。由于表过程“逐一”义的重叠式数量短语中的量词都是物量词，而表动作“连续”义的重叠式数量短语中的量词都是动量词，指代功能后者较前者弱。具体如下表所示：

	句法位置	语法意义	指代属性	指代强度
1	主位重叠	表“每一”	任指	最强
2	宾位重叠	表“量多”	任指	较强
3	补位重叠	表“量多”	任指	稍强
4	状位重叠(物量)	表“逐一”	任指	较弱
5	状位重叠(动量)	表“连续”	任指	很弱

6.2　有待研究的问题

本书在学界相关研究成果的基础上，借鉴构式语法理论，立足认知语法观，对现代汉语数量短语的指代现象进行了较为全面、系统的研究。但是，在研究过程中，笔者感觉到与此相关的一些问题还有待进一步探索，主要有以下三个方面：

其一，本书考察现代汉语数量短语的指代功能，从考察对象来说主要立足于共时平面，但现代汉语数量短语的句法、语义属性以及语用功能是汉语历时发展的一种必然结果，是历时发展在共时平面的一个静态展示。其中涉及很多与此相关的问题，比如数词的语义及其变异、量词的产生与功能定型、“数量＋名”结构的语序变化、“数量”与“名”的分裂移位、物量词与动量词由异趋同等等，都有其互动发展、同步演变的历程，是现代汉语数量短语指代功能表现的历时根源，也是非常值得探索的领域。

其二，本书考察现代汉语数量短语的指代功能，从考察对象来说主要立足句子层面（包括单句和复句），而事实上数量短语的指代功能是一种"回指"现象，因而属于篇章范畴。比如由数量短语演化而产生的"一量…，另一量…"已经具有典型的篇章连接功能，如"一个…，另一个…"、"一些…，另一些…"、"一方面…，另一方面…"等等。因此，从篇章角度来考察数量短语的指代功能，以及虚化而导致的篇章连接功能，也是极有研究价值的领域。

其三，本书考察现代汉语数量短语的指代功能，从考察对象来说主要立足于汉语普通话，并没有将视野扩展到众多的方言、民族语言乃至外族语言，也就是说本文没有立足语言类型学角度来考察数量短语的指代功能。事实表明，这也是一个研究空间非常广阔的领域，具有极大的理论和应用价值。

但是，囿于本书的选题与篇幅的限制，同时也受到笔者理论水平以及知识背景的局限，本书都没有涉及，有待于今后作为后续项目继续研究。

参 考 文 献

安亚玲　2006　“名＋数量”格式研究，吉林大学硕士学位论文。

蔡　莉　2008　现代汉语论元NP分裂移位初探，上海师范大学硕士学位论文。

曹保平　2010　移位理论对汉语句法结构的解释，《南华大学学报》第4期。

初　玉　2012　“NP＋一 M”及其对比构式研究，上海师范大学硕士学位。

陈昌来　2002　《现代汉语动词的句法语义属性研究》，上海：学林出版社。

陈昌来　2003　《现代汉语语义平面问题研究》，上海：学林出版社。

陈承泽　1957(1922)《国文法草创》，北京：商务印书馆。

陈建生　2008　《认知词汇学概论》，上海：复旦大学出版社。

陈　平　1987　释汉语中与名词性成分相关的四组概念，《中国语文》第2期。

陈　平　1991　《现代语言学研究：理论、方法与事实》，重庆：重庆出版社。

陈　平　1994　试论汉语中三种句子成分与语义成分的配位原则，《中国语文》第3期。

陈前瑞　2002　汉语反复体的考察，《语法研究和探索》(十一)，北京：商务印书馆。

陈　忠　2006　《认知语言学研究》，济南：山东教育出版社。

程琪龙　2001　《认知语言学概论》，北京：外语教学与研究出版社。

储泽祥　2001　“名＋数量”语序与注意焦点，《中国语文》第5期。

崔希亮　2002　《语言理解与认知》，北京：北京语言大学出版社。

崔希亮　2008　认知语言学理论与汉语位移事件研究，《当代语言学理论和汉语研究》(沈阳、冯胜利主编)，北京：商务印书馆。

崔应贤　2003　论数量词重叠的句法、语义特征，《语言研究》第4期。

戴浩一、黄河　1988　时间顺序和汉语的语序原则，《国外语言学》第1期。

戴浩一　1990　以认知为基础的汉语功能语法刍议(叶蜚声译)，《国外语言学》第4期。

戴浩一、张　敏　1998　《汉语名词和动词的认知语言学研究》，北京：北京语言文化大学出版社。

戴浩一　2002　概念结构与非自主性语法：汉语语法概念系统初探，《当代语言学》第1期。

戴惠本　1993　对立词的构成及其他，《逻辑与语言学习》第1期。

丁加勇　2006　容纳句的数量关系、句法特征及认知解释，《汉语学报》第1期。

丁声树等　1961　《现代汉语语法讲话》，北京：商务印书馆。

范　晓　1998　《汉语的句子类型》，太原：书海出版社。

方经民　2003　现代汉语空间名词性成分的指称性，《语法研究和探索》(十二)北京：商务印书馆。

方　梅　1993　宾语与动量词语的次序问题，《中国语文》第1期。

方　梅　2008　动态呈现语法理论与汉语“用法”研究，《当代语言学理论和汉语研究》（沈阳、冯胜利主编），北京：商务印书馆。
高名凯　2011(1948)《汉语语法论》，北京：商务印书馆。
高顺全　1995　施事后周遍性受事的句法性质——兼论“前置宾语”，《解放军外语学报》第3期。
耿庆强　2010　“NP＋一量”结构研究，上海财经大学硕士学位论文。
高增霞　2006　《现代汉语连动式的语法化视角》，北京：中国档案出版社。
郭继懋　1999　再谈量词重叠形式的语法意义，《汉语学习》第4期。
郭继懋、王红旗　2001　粘合补语和组合补语表达差异的认知分析，《世界汉语教学》第2期。
郭　锐　1993　汉语动词的过程结构，《中国语文》第6期。
郭　锐　1997　过程和非过程——汉语谓词性成分的两种外在时间类型，《中国语文》第3期。
郭　锐　2000　表述功能的转化和“的”字的作用，《当代语言学》第1期。
郭　锐　2004　《现代汉语词类研究》，北京：商务印书馆。
郭先珍　1987　《汉语量词的应用》，北京：中国物资出版社。
郭先珍　2002　《现代汉语量词用法词典》，北京：语文出版社。
何　杰　2001　《汉语量词研究》，北京：民族出版社。
何自然　1988　《语用学概论》，长沙：湖南教育出版社。
侯友兰　1998　连词重叠的语法语义分析，《绍兴文理学院学报》第3期。
胡裕树、张　斌　1984　《数词和量词》，上海：上海教育出版社。
胡裕树、范　晓　1994　动词形容词的“名词化”和“名物化”，《中国语文》第2期。
胡裕树　1995重订本　《现代汉语》，上海：上海教育出版社。
胡壮麟　2004　《认知隐喻学》，北京：北京大学出版社。
黄大祥　2005　量词为名量的“A1一量A2一量”格式初探，《河西学院学报》第3期。
黄大祥　2006a　量词为动量的“A1一量A2一量”格式初探，《河西学院学报》第1期。
黄大祥　2006b　量词为时量的“A1一量A2一量”格式初探，《河西学院学报》第6期。
华玉明　1994　试论量词重叠，《邵阳师专学报》第3期。
蒋绍愚　1999　“抽象原则”和“临摹原则”在汉语语法史中的体现，《古汉语研究》第4期。
金立鑫　1989　板块的语义约束及有关的语句形成与语句理解问题，《语文论集》，上海：百家出版社。
金立鑫　1999　对一些普遍语序现象的解释，《当代语言学》第4期。
金立鑫　2007　《语言研究方法导论》，上海：上海外语教育出版社。
金兆梓　1983(1922)　《国文法之研究》，北京：商务印书馆。
黎锦熙　1999(1924)　《新著国语文法》，北京：商务印书馆。
李福印　2009　《认知语言学概论》，北京：北京大学出版社。
李康澄、何山燕　2010　汉语数量重叠式的历时考察及其类型，《中南大学学报》第5期。
李临定、范方莲　1960　试论表“每”的数量结构对应式，《中国语文》第1期。
李临定　1986　《现代汉语句型》，北京：商务印书馆。
李美霞　2006　指称词语的认知诠释，《认知语言学新视界》（文旭、徐安泉主编），北京：中国社会科学出版社。

李　敏　2002　数量短语与助词“的”连用的认知分析,《暨南大学华文学院学报》第3期。

李文浩　2009　“爱V不V”的构式分析,《现代外语》第3期。

李文浩　2010　量词重叠与构式互动,《世界汉语教学》第3期。

李亚非　2006　论语言学中的分析与综合,《中国语文》第3期。

李艳华　2004　现代汉语交替范畴的表达,延边大学硕士学位论文。

李　昱　1989　数量重迭结构的语义分析,《暨南大学研究生学报》第1期。

李宇明　1998　论数量词语的复叠,《语言研究》第1期。

李宇明　1999　数量词语与主观量,《华中师范大学学报》第6期。

李宇明　2000　汉语复叠类型综述,《汉语学报》第1期。

李宇明　2000　《汉语量范畴研究》,武汉:华中师范大学出版社。

李宇明　2002　论反复,《中国语文》第3期。.

廖巧云　2006　定义的认知——语用研究,《认知语言学新视界》(文旭、徐安泉主编),北京:中国社会科学出版社。

刘长征　2005　递及比较句的语义理解及制约因素,《汉语学习》第2期。

刘辰诞　2008　《结构和边界——句法表达式认知机制探索》,上海:上海外语教育出版社。

刘大为　2001　《比喻、近喻与自喻》,上海:上海教育出版社。

刘丹青　2001　论元分裂式话题结构,《语言研究再认识——庆祝张斌先生从教50周年暨80华诞》,上海:上海教育出版社。

刘丹青　2002　汉语类指成分的语义属性和句法属性,《中国语文》第5期。

刘丹青　2005　作为典型构式句的非典型“连”字句,《语言教学与研究》第4期。

刘丹青　2008　汉语名词性短语的句法类型特征,《中国语文》第1期。

刘　复　2012(1922)　《中国文法通论》,长沙:岳麓书社。

刘　辉　2009　现代汉语事件量词的语义和句法,上海师范大学博士学位论文。

刘劼生　1998　现代汉语中的几类“名+数量”格式,《语文建设》第1期。

刘街生　2003　现代汉语动量词的语义特征分析,《语言研究》第2期。

刘宁生　1995　汉语偏正结构的认知基础及其在语序类型学上的意义,《中国语文》第2期。

刘晓然　2006　汉语量词短语的词汇化,《语言研究》第1期。

刘　焱　2004　《现代汉语比较范畴的语义认知基础》,上海:学林出版社。

刘月华等　2001重订本　《实用现代汉语语法》,北京:商务印书馆。

刘勇志　2006　明喻、暗喻的相似性和逻辑推理研究,《认知语言学新视界》(文旭、徐安泉主编),北京:中国社会科学出版社。

刘　云　2006　现代汉语中的对举现象及其作用,《汉语学报》第4期。

龙景科　2008　汉语非真值义数词“一”及相关格式研究,上海师范大学硕士学位论文。

卢卫中、路　云　2006　转喻的语用性与语用理论的转喻基础,《认知语言学新视界》(文旭、徐安泉主编),北京:中国社会科学出版社。

卢英顺　2001　比喻现象的认知解释,《语言教学与研究》第1期。

陆丙甫 1988 定语的外延性、内涵性和称谓性及其顺序,《语法研究和探索》(4),北京:商务印书馆。

陆丙甫 1998 从语义、语用看语法形式的实质,《中国语文》第5期。

陆丙甫 2003 试论周遍性成分的状语性,徐烈炯、刘丹青主编《话题与焦点新论》,上海:上海教育出版社。

陆丙甫 2004 汉语语序的总体特点及其功能解释,《庆祝〈中国语文〉创刊50周年纪念论文集》,北京:商务印书馆。

陆丙甫 2004 共性探索背景下的汉语句法研究,《语言学论丛》(三十辑),北京:商务印书馆。

陆丙甫 2005a 语序优势的认知解释(上):论可别度对语序的普遍影响,《当代语言学》第1期。

陆丙甫 2005b 语序优势的认知解释(下):论可别度对语序的普遍影响,《当代语言学》第2期。

陆丙甫 2006 蕴涵共性的逻辑意义及语序优势的功能解释,《语言暨语言学——丁邦新先生七秩寿庆论文集》,台北:中央研究院语言学研究所。

陆丙甫、蔡振光 2009 "组块"与语言结构难度,《世界汉语教学》第1期

陆俭明 1986 周遍性主语句及其他,《中国语文》第3期。

陆俭明 1988 现代汉语中数量词的作用,《语法研究和探索》(四),北京:商务印书馆。

陆俭明 1991 现代汉语句法里的事物化指代现象,《语言研究》第1期。

陆俭明、郭 锐 1998 汉语语法研究所面临的挑战,《世界汉语教学》第4期。

陆俭明 2002 关于句式语法,中国第九届当代语言学研讨会报告,北京外国语大学。

陆俭明 2003 《现代汉语语法研究教程》,北京:北京大学出版社。

陆俭明、沈 阳 2003 《汉语和汉语研究十五讲》,北京:北京大学出版社。

陆俭明 2004 词语句法、语义的多功能性:对"构式语法"理论的解释,《外国语》第2期。

陆俭明 2004 句式语法理论与汉语语法研究,《中国语文》第5期。

陆俭明 2007 《构式:论元结构的构式语法研究》中文版序2,北京大学出版社。

陆俭明 2008 构式语法理论的价值与局限,《南京师范大学文学院学报》第3期。

陆俭明 2009 构式与意象图式,《北京大学学报》第3期。

吕叔湘 1982(1945) 《中国文法要略》,北京:商务印书馆。

吕叔湘 1954 关于汉语此类的一些原则性问题,《中国语文》第9、10期。

吕叔湘 1979 《汉语语法分析问题》,北京:商务印书馆。

吕叔湘主编 1980 《现代汉语八百词》,北京:商务印书馆。

陆志韦 1956 《北京话单音词词汇》,北京:科学出版社。

马建忠 1999(1898) 《马氏文通》,北京:商务印书馆新1版。

马庆株 1981 时量宾语和动词的类,《中国语文》第2期。

马庆株 1983 现代汉语的双宾语构造,《语言学论丛》(第十辑),北京:商务印书馆。

马庆株 1990 数词、量词的语义成分和数量结构的语法功能,《中国语文》第3期。

马庆株 2005 《汉语动词和动词性结构》,北京:北京大学出版社。

马 真 2004 《现代汉语虚词研究方法论》,北京:商务印书馆。

孟丽艳 2005 "一量名"主语句中主语的不同指称意义及其动因》,陈昌来主编《现代汉语三维

语法论》，上海：学林出版社。

聂小丽 2006 名词短语分裂移位，华中师范大学硕士学位论文。

彭聃龄 2007 《汉语认知研究》，北京：北京师范大学出版社。

齐沪扬等 2004 《与名词动词相关的短语研究》，北京：北京语言大学出版社。

邵敬敏 1993 量词的语义分析及其与名词的双向选择，《中国语文》第3期。

邵敬敏 1996 动量词的语义分析及其与动词的选择关系，《中国语文》第2期。

邵敬敏 2007 《汉语语义语法论集》，上海：上海教育出版社。

沈家煊 1995 "有界"与"无界"，《中国语文》第5期。

沈家煊 1999 《不对称与标记论》，南昌：江西教育出版社。

沈家煊 1999 转指和转喻，《当代语言学》第1期。

沈家煊 1999 语法化和形义间的扭曲关系，《中国语言学的新拓展——王士元教授六十五岁华诞》(石锋、潘悟云编)，香港：香港城市大学出版社。

沈家煊 2000 "认知语法"的概括性，《外语教学与研究》第1期。

沈家煊 2000 句式和配价，《中国语文》第4期。

沈家煊 2001 语言的"主观性"和"主观化"，《外语教学与研究》第4期。

沈家煊 2002 如何处置"处置式"？——论把字句的主观性，《中国语文》第5期。

沈家煊 2003 从"分析"和"综合"看《马氏文通》以来的汉语语法研究，《马氏文通与中国语言学史》(姚小平主编)，北京：外语教学与研究出版社。

沈家煊 2003 复句三域"行、知、言"，《中国语文》第3期。

沈家煊 2004 语用原则、语用推理和语义演变，《外语教学与研究》第1期。

沈家煊 2004 《语言的认知研究——认知语言学论文精选》序，上海：上海外语教育出版社。

沈家煊 2004 再谈"有界"与"无界"，《语言学论丛》(第三十辑)，北京：商务印书馆。

沈家煊 2004 语法研究的目标——预测还是解释，《中国语文》第6期。

沈家煊 2005 认知语言学与汉语研究，《语言学前沿与汉语研究》，上海：上海教育出版社。

沈家煊 2006 《认知语言学新视野》序，北京：中国社会科学出版社。

沈家煊 2006 概念整合和"浮现意义"，复旦大学望道论坛学术报告。

沈家煊 2007 协调、周到、简单、贴切，第十五次全国现代汉语语法学术讨论会报告，延边大学。

沈家煊 2007 汉语语法研究的新探索(代序)，《现代汉语语法的功能、语用、认知研究》，北京：商务印书馆。

沈家煊 2008 认知语言学理论与隐喻语法和转喻语法研究，《当代语言学理论和汉语研究》(沈阳、冯胜利主编)，北京：商务印书馆。

沈家煊 2008 "逻辑先后"和"历史先后"，《外国语》第5期。

沈 强 2005 汉语名词性短语中名词移位与名词短语移位，《暨南大学华文学院学报》第2期。

沈 阳 1995 数量词在名词短语移位结构中的作用与特点，《世界汉语教学》第1期。

沈 阳 1996 汉语句法结构中名词短语部分成分移位现象初探，《语言教学与研究》第1期。

沈　阳　2000　《配价理论与汉语语法研究》,北京:语文出版社。
沈　阳　2001　名词短语分裂移位与非直接论元句首成分,《语言研究》第3期。
施春宏　2003　比喻义的生成基础及理解策略,《语文研究》第4期。
施春宏　2008　《汉语动结式的句法语义研究》,北京:北京语言大学出版社。
施关淦　1981　"这本书的出版"中"出版"的词性——从向心结构理论说起,《中国语文通讯》第4期。
石定栩　2005　动词的"指称"功能和"陈述"功能,《汉语学习》第4期。
石定栩　2006　动词后数量短语的句法地位,《汉语学报》第1期。
石毓智　1992　《肯定和否定的对称与不对称》,台北:学生书局
石毓智　1996　语法的认知语义基础,《语言研究》第2期。
石毓智　2000　《语法的认知语义基础》,南昌:江西教育出版社。
石毓智　2001　表物体形状的量词的认知基础,《语言教学与研究》第1期。
石毓智　2008　《认知能力与语言学理论》,上海:学林出版社。
史金生　2002　现代汉语副词的语义功能研究,南开大学博士学位论文。
宋玉柱　1981　关于量词重叠的语法意义,《现代汉语语法论文集》,天津:天津人民出版社。
宋玉柱　1978　关于数词"一"和量词相结合的重叠问题,《南开大学学报》第6期。
束定芳　2004　《语言的认知研究——认知语言学论文精选》,上海:上海外语教育出版社。
束定芳　2008　《认知语义学》,上海:上海外语教育出版社。
谭景春　2000　词的意义、结构的意义与词典释义,《中国语文》第1期。
谭景春　2001　从临时量词看词类的转变与词性标注,《中国语文》第4期。
田金莲　2007　"NP1(和)NP2"前加数量结构的多角度考察,华中师范大学硕士学位论文。
宛新政　2005　《现代汉语致使句研究》,杭州:浙江大学出版社。
王长武　2004　谈"名+数量"格式的两个用法,《汉语学习》第3期。
王　黎　2005　关于构式和词语的多功能性,《外国语》第4期。
王　力　2000(1943)　《中国现代语法》,北京:商务印书馆新1版。
王　力　1980(1957)　《汉语史稿》,北京:中华书局。
王淑清　2006　现代汉语数量结构对应局的考察,安徽师范大学硕士学位论文。
王希杰　1990　《数词·量词·代词》,北京:人民教育出版社。
王　寅　2006　《认知语法概论》,上海:上海外语教育出版社。
王　寅　2007　《认知语言学》,上海:上海外语教育出版社。
王正元　2009　《概念整合理论及其应用研究》,北京:高等教育出版社。
温锁林、范群　2006　现代汉语口语中自然焦点标记词"给",《中国语文》第1期。
文　旭、徐安泉　2006　《认知语言学新视界》,北京:中国社会科学出版社。
乌晓丽　2010　"X+一N比一N+VP"表义功能新探,辽宁师范大学硕士学位论文。
吴福祥、冯胜利、黄正德　2006　汉语"数+量+名"格式的来源,《中国语文》第5期。
吴文婷　2010　"一+量词+中心语"结构研究,南京林业大学硕士学位论文。
吴为善　2010　自致使义构式"NP+VR"构式考察,《汉语学习》第6期。

吴为善　2011　递进性差比义构式及其变异,《语言教学与研究》第 2 期。
吴为善　2011　“A 不到哪里去”的构式解析、话语功能及其成因,《中国语文》第 4 期。
吴为善　2011　《汉语韵律框架及其词语整合效应》,上海:学林出版社。
吴为善　2011　《认知语言学与汉语研究》,上海:复旦大学出版社。
吴为善　2012　“NP(受)+VP(t)+QM”构式的多义性及其同构性解析,《世界汉语教学》第 2 期。
吴锡根　1991　物量短语后置的条件,《语文学习》第 12 期。
吴雅慧　1994　数词有限制的数量结构,《语言教学与研究》第 4 期。
吴中伟　1995　关联副词在周遍性主语之前,《汉语学习》第 3 期。
项开喜　1993　“一 M 比一 M A”格式试探,《语言教学与研究》第 2 期。
谢晓明　2004　宾语代入现象的认知解释,《湖南大学学报》第 3 期。
谢之君　2007　《隐喻认知功能探索》,上海:复旦大学出版社。
邢福义　2000　说 V 一 V,《中国语文》第 5 期。
熊学亮　1999　《认知语用学概论》,上海:上海外语教育出版社。
徐国玉　1992　“N 一 L,N 一 L”结构,《延边大学学报》第 3 期。
徐烈炯、刘丹青　1998　《话题的结构与功能》,上海:上海教育出版社。
徐盛桓　2006　句法的认知研究,《认知语言学新视界》(文旭、徐安泉主编),北京:中国社会科学出版社。
徐通锵　1997　《语言论》,长春:东北师范大学出版社。
许国萍　2007　《现代汉语差比范畴研究》,上海:学林出版社。
薛秀娟　2006　“一+量+名”结构中量词的认知研究,山东师范大学硕士学位论文。
杨凯荣　2003　量词重叠+“(都)+VP”的句式语义及其动因,《世界汉语教学》第 4 期。
杨雪梅　2002　“个个”“每个”和“一个(一)个”的语法语义分析,《汉语学习》第 4 期。
杨　忠、张绍杰　1998　认知语言学中的类典型论,《外语教学与研究》第 2 期。
姚双云、储泽祥　2003　汉语动词后时量、动量、名量成分不同情况考察,《语言科学》第 5 期。
殷志平　1995　对举短语的结构特点和语义理解,《南京社会科学》第 4 期。
殷志平　1996　试论“一 V 一 V”格式,《中国语文》第 2 期。
殷志平　1998　动量词前置特点论略,《语法研究与探索(九)》,北京:商务印书馆。
殷志平　2000　关于“一身冷汗”一类短语的性质和特点,《汉语学习》第 4 期。
袁毓林　1995　词类范畴的家族相似性,《中国社会科学》第 1 期。
袁毓林　1998　《汉语动词的配价研究》,南昌:江西教育出版社。
袁毓林　1998　《语言的认知研究和计算分析》,北京:北京大学出版社。
袁毓林　2002　论元角色的层级关系和语义特征,《世界汉语教学》第 3 期。
袁毓林　2003　一套汉语动词论元角色的语法指标,《世界汉语教学》第 3 期。
袁毓林　2004　容器隐喻、套件隐喻及相关的语法现象,《中国语文》第 3 期。
袁毓林　2007　论“都”的隐形否定和极项允准功能,《中国语文》第 4 期。
张　斌　1998　《汉语语法学》,上海:上海教育出版社。

张 斌 2002 《新编现代汉语》,上海:复旦大学出版社。

张伯江 1994 词类活用的功能解释,《中国语文》第5期。

张伯江 1997 汉语名词如何表现无指成分(电子版)。

张伯江 1998 名词功能游移研究,《句法结构中的语义研究》,北京:北京语言大学出版社。

张伯江、方 梅 1996 《汉语功能语法研究》,南昌:江西教育出版社。

张伯江、李珍明 2002 "是NP"和"是一个NP",《世界汉语教学》第3期。

张伯江 2008 句式语法理论与汉语句式研究,《当代语言学理论和汉语研究》(沈阳、冯胜利主编),北京:商务印书馆。

张国宪 2000 现代汉语形容词的典型特征,《中国语文》第5期。

张国宪 2000 动词的动向范畴,《语法研究和探索(九)》,北京:商务印书馆。

张国宪 2006 性质、状态和变化,《语言教学与研究》第3期。

张国宪 2006 《现代汉语形容词功能与认知研究》,北京:商务印书馆。

张建理、叶 华 2009 汉语双数量词构式研究,《浙江大学学报》第3期。

张 敏 1996 汉语重叠的认知语义学研究,《新时期语法学者国际学术研讨会论文》,武汉:华中师范大学出版社。

张 敏 1997 从类型学和认知语法看汉语重叠现象,《国外语言学》第2期。

张 敏 1998 《认知语言学与汉语名词短语》,北京:中国社会科学出版社。

张 敏 2008 自然句法理论与汉语语法象似性研究,《当代语言学理论和汉语研究》(沈阳、冯胜利主编),北京:商务印书馆。

张旺熹 2006 汉语句法重叠的无界性,《语法研究和探索》(十三),北京:商务印书馆。

张云秋、王馥芳 2003 概念整合的层级性与动宾结构的熟语化,《世界汉语教学》第3期。

张则顺、丁崇明 2009 "NP+一个"格式,《汉语学习》第2期。

赵立云 2005 现代汉语对举格式探讨,东北师范大学硕士学位论文。

赵元任 1979(1968) 《汉语口语语法》,北京:商务印书馆。

钟明荣、谢双园 2006 也谈"名+一量"格式的用法,《兰州教育学院学报》第2期。

周毕吉 2002 浅析"A一量B一量"式并列短语,《湖北师范学院学报》第2期。

朱德熙 1956 现代汉语形容词研究,《语言研究》第1期。

朱德熙 1957 《定语和状语》,北京:新知识出版社。

朱德熙 1981 "在黑板上写字"及相关句式,《语言教学与研究》第1期。

朱德熙 1982 《语法讲义》,北京:商务印书馆。

朱德熙 1985 《语法答问》,北京:商务印书馆。

张丽群 2004 "一、满、全"的语用特征及认知模式》Contemporary Research in Modern Chinese,No. 6。

朱晓军 2006 认知语言学视角下的汉语个体量词搭配:以"条"为例,《语言与翻译》第4期。

宗守云 2007 一MM和一M一M的语义语用差异,《修辞学习》第5期。

大河内康宪 1993(1985) 量词的个体化功能(靳卫卫译),《日本近、现代汉语研究论文选》(大河内康宪主编),北京:北京语言学院出版社。

木村英树　2008　认知语言学的接地理论与汉语口语体态研究,《当代语言学理论和汉语研究》(沈阳、冯胜利主编),北京：商务印书馆。

太田辰夫　2003　《中国语历史文法》,北京：北京大学出版社。

Bernard Comrie 著,沈家煊、罗天华译,2010 陆丙甫校,《语言共性和语言类型学》,北京：北京大学出版社版。

F. Ungerer & H. J. Schmid 著,彭利贞、许国萍、赵　薇译　2009《认知语言学导论》(第二版),上海：复旦大学出版社。

Goldberg Adele 著,吴海波译,《构式：论元结构的构式语法研究》,北京：北京大学出版社 2007 年版。

Langacker Ronal 著,沈家煊译,1991 语言研究中的认知观,《国外语言学》第 4 期。

William Croft 著,龚群虎等译,2009《语言类型学与语言共性》(第二版),上海：复旦大学出版社版。

William Croft 著,张伯江导读,2009《激进构式语法：类型学视角的句法理论》,北京：世界图书出版公司。

Bergen, Benjamin K and Nancy Chang. 2005. Embodied Constructiongrammar in Simulation-based Language Understanding. In J, Ostman and MFried (eds.), Construction Grammars: Cognitive Grounding and Theoretical Extensions. Amsterdam: John Benjamins Publishing Company.

Blevins, James P. & Juliette Blevins. 2009. Introduction: Analc Gnmar. In James P. Blevins & JulietteBlevins(eds.), Analogy in. Grammar, 1 - 12. Oxford: Oxford University Press.

Doetjes, Jenny. 1996. Mass and Count: Syntax or Semantics? Meaning on the HIL. Occasional Papers in Linguistics. HIL/Leiden University.

Doetjes, Jenny. 1997. Quantifiers and Selection: On the distribution of quantifying expressionsin French, Dutch and English. PHD dissertation of Leiden University, HAG, The Hague.

Fauconnier, Gilles and Mark Turner. 1998. Conceptual Integration Networks. Cognitive Science 22 (2).

Fauconnier, Gilles and Mark Turner. 2000. Compression and Global Insight. Cognitive Linguistics 11.

Fillmore, Charles. 1968. The Case for Case. In Emmon Bach and Robert T. Harms (eds.), Universals in Linguistic Theory. New York: Holt Rinehart and Winston.

Fillmore, Charles J. 1975. An Alternative to Checklist Theories of Meaning. In Cathy Cogen (ed.), Proceedings of the First Annual Meeting of the Berkeley Linguistics Society. Berkeley: Berkeley Linguistics Society.

Fillmore, Charles J. 1977. Topics in Lexical Semantics. In R. Cole, ed., Current Issues in Linguistic Theory, Bloomington: Indiana University Press.

Fillmore, Charles J. 1982. Frames Semantics. In The Linguistic Society of Korea, ed. , Linguistics in the Morning Calm. Seoul: Hanshin.

Fillmore, Charles. 1985. Frames and the Semantics of Understanding. Quaderni di Semantica 6(2).

Greenberg, Joseph H. 1966. Some Universals of Grammar with Particular Reference to the Order of Meaningful Elements. In Universals of grammar, ed. Joseph H. Greenberg (2nd edition). Cambridge, Mass: MIT Press.

Givón, Talmy. 1994. Isomorphism in the Grammatical Code-cognitiveand Biological Considerations. In Raffaele Simone (ed.), Iconicity inLanguage. Amsterdam: John Benjamins Publishing Company.

Goldberg Adele E. 1995 Constructions: A Construction Grammar Approach to Argument Structure . Chicago: Chicago University Press.

Goldberg Adele E. 2003 Constructions: A New Theoretical Approach to Language.《外国语》, 第3期。

Goldberg Adele E. 2006. Constructions at Work: The Nature of Generalization in Language. Oxford: Oxford University Press.

Haiman, John. 1985. Natural Syntax: Iconicity and Erosion. Cambridge: Cambridge University Press.

Hopper, Paul. J. and E. C. Traugott. 2003. Grammaticalization. Beijing: Peking University Press.

Kay, Paul and Fillmore, Charles. 1999 . Grammatical Constructions and Linguistic Generalizations: The What's X Doing Y? Construcyion Language, (1)

Lakoff, George and Mark Johnson. 1980. Metaphors We Live By. Chicago: The University of Chicago Press.

Lakoff, George. 1987. Woman, Fire and Dangerous Things: What Categories Reveal about the World. Chicago: The University of Chicago Press.

Lakoff, George. 1988. Cognitive Semantics. In Umberto Eco, Marco Santambrogio and Patrizia Violi (eds.), Meaning and Mental Representations. Bloomington and Indianapolis: Indiana University Press.

Langacker, Ronald W. 1987. Foundations of Cognitive Grammar: Theoretical Prerequisites. Vol. I. Stanford: Stanford University Press.

Langacker, Ronald W. 1991. Foundations of Cognitive Grammar: Descriptive Application. Vol. Ⅱ. Stanford: Stanford University Press.

Langacker, Ronald W. 2005. Construction grammers: Congnitive, Radical, and Lless so. In Cognitive Linguistics: Internal Dynamics, and Interdisciplinary Interaction, Francisco J. Ruiz de Mendoza and Sandra Pena Cervel(eds.), Berlin/New York: Mouton de Gruyter.

Lyons, J. 1977. Semantics: Volume 2. Cambridge: Cambridge University Press.

Sapir, Edward. 1921. Language. New York: Harcourt, Brace and World.

后　记

本书是在我的博士论文的基础上修改而成的。论文答辩时，专家们提出许多宝贵意见和建议。毕业后，我边学习边思考，并在此基础上将原有命题予以深化和拓展，由此获得 2013 年教育部人文社科研究的项目资助。这本专著是该项目的最终成果形式，书中部分内容已在各类核心学术期刊发表。

虽然曾几何时，博士论文“后记”演变成“感谢信”，实已落入俗套，我本打算“免俗”的，但此时此刻，无奈从心底涌上最浓最真的感情，全是感恩、感激、感动……

我的博士论文以及本书的顺利完成，离不开师长、家人和朋友的关心、支持和帮助。

读博期间，陈昌来老师为我掐着指头数日子，帮我列计划，指明研究的思维路径，耐心地解答各类问题，细致地为我修改文稿；在我气馁时，陈老师及时给我鼓励，不断给我力量，教我成长！陈老师博学宏才，为人幽默机智，治学严谨细致，这也无不感染和影响着我。

读大学期间，吴为善老师教我们《现代汉语》，后来又成为我的领导和同事。吴老师责任心强，为人和善，专业涵养极深，平时沉默少语，看问题总能入木三分。2005 年，是他将我带入上海师大小书店，为我选购图书，指导我阅读，从此我才踏上语言学的学习研究之路。在读博期间，每每我遇到困难，吴老师总不吝赐教，还替我分担大量工作，为我节省很多时间，让我能安心撰写论文。

张斌先生是我最年长的恩师，他以九十多岁的高龄，不管严寒酷暑，不管天阴雨湿，总是早早地守候在三尺讲台之前，一站就是整整两个小时。记得有一次，他从楼梯上摔下来，瘦削的脸庞立显一大片淤青，在学生的搀扶下步履蹒跚地迈入教室，面带微笑，讲课时依然字正腔圆、落地有声。

齐沪扬老师常常亲切地喊我“小老乡”。难忘他第一堂课上怎样治学做人的谆谆教诲，难忘他亲自为我们挥写迎新晚会节目歌词的耐心和才情，难忘他在课堂上引经据典、旁征博引的淡然和陶然！

张谊生老师思维敏锐，学识渊博，课堂里热烈的气氛、爽朗的笑声，常使我们忘却了与亲人团聚的欢欣。

我的论文评审和答辩专家刘大为、胡范铸、金立鑫、齐沪扬和曹秀玲等德隆学富的教授，给我提出许多宝贵意见和建议；吴耀根先生和严克勤先生为本书的面世付出了辛勤劳动;没有我的家人全力支持,这份学术梦想终会化为泡影。

还有许多关心、帮助过我的师长、学友及同事,在此一并诚致谢忱!

拙作的出版,希望能对语法研究和语法教学有所裨益,真诚期待方家就书中的不足给予批评,提出指导性意见。

陈再阳

2015 年 1 月 31 日

告读者

尊敬的读者：

欢迎您阅读本书。学林自出版平台（www. xuelinpress. com）为本书读者免费提供下列服务：

1. 对本书内容进行全文检索。

2. 了解互联网上各主要网站对本书的评论。您也可以发表对本书或本书作者的评论，与其他读者沟通。

3. 查看本书作者的详细情况。您可通过站内信等工具与作者直接沟通。

4. 查看本书责任编辑的详细情况并与编辑直接沟通。

此外，如本书市面上已无法买到，www. xuelinpress. com 为您提供付费定制服务，一本起印，价格不高于本书定价。

我们将陆续推出更多服务，欢迎您提出宝贵的意见和建议。

学林出版社